追梦教育路

陈祥云 著

河北出版传媒集团

河北教育出版社

图书在版编目（CIP）数据

追梦教育路 / 陈祥云著. -- 石家庄：河北教育
出版社，2021.4

ISBN 978-7-5545-6367-0

Ⅰ.①追… Ⅱ.①陈… Ⅲ.①教育－随笔－中国
－文集 Ⅳ.①G52-53

中国版本图书馆CIP数据核字(2021)第059158号

追梦教育路

作 者	陈祥云	
责任编辑	张 静	
装帧设计	采薇阁	
出版发行	河北出版传媒集团	
	河北教育出版社 http://www.hbep.com	
	（石家庄市联盟路705号，050061）	
印 制	天津和萱印刷有限公司	
开 本	787mm×1092mm 1/16	
印 张	8.75	
字 数	127千字	
版 次	2022年4月第1版	
印 次	2022年4月第1次印刷	
书 号	ISBN 978-7-5545-6367-0	
定 价	59.00元	

响彻杏坛的行吟

    21世纪是以知识的创新和应用为重要特征的知识经济时代。科学技术迅猛发展，国际竞争日趋激烈。而师者何为？作为师者的陈祥云正是紧扣时代脉搏，默默地探寻在追梦路上。在这条路上，他且行且吟，让思维的触角从"治教韬略"延伸到"学科探究""德育纵横""教育智慧"。在深入的思考中，他孕育出近十七万鲜活的文字，这些文字幻化成一个个灵动的音符奏响教育的序曲。

    加强教育工作者的自身建设是一个重要课题，对教师个人成长和事业发展至关重要。也就是说，教育队伍的建设关乎整个教育事业的成败。中小学校长的自身建设，尤其有着不同寻常的意义。也正是因为对此有着深入而细致的了解、认知、体验，陈祥云老师写下了具有前瞻意义的《校长需要加强自身建设》《实现教育梦，中小学校长必须修好九门功课》《校长培植"七力"，促进教师成长成才》等一系列文章，深入地剖析了当下校长提升自身建设的必要性、迫切性、前瞻性、策略性。《校长培植"七力"，促进教师成长成才》一文，更是极具建设性地提出"优化环境借外力"，鲜明地指出了通过外力来建设、完善校长成长机制的策略，这着实突破了一般论文仅仅强调"内力"的模式。他用了几年时间去实践、探索，先后在《中国德育》《山东教育》《新教育》等杂志上发表了一系列关于教师队伍建设的文章，内容涉及教师的专业发展和道德危机等，为教师们开了一剂救心丸。

陈祥云老师不仅仅是在执教讲坛的时候进行学科探究，就是在教育和体育局工作的今天也是时刻进行着学科探究。他把自己的感悟写成了《阅读要实现与文本的真正对话》《运用辅助手段不能违背语文阅读教学规律》《小学语文阅读教学应关注学生的情感体验》等一系列文章，指出当下一线教育的弊端，同时提出应学教交融，返璞归真。

在论述了校长自身建设和学科建设后，陈祥云老师开始试谈"德育纵横"和"教育智慧"，这就使得校长的领导艺术与教师的育人魅力得以巧妙的契合。陈祥云老师是有着大智慧的。也就是说，他心中有着一盘完整的棋局，每落一子都是要通盘考虑的。《父亲的教诲》《"横哥"给了我信心》等文章不仅洋溢着文采，而且成为照亮人们心灵的明灯。

关于陈祥云老师的这本书我还有许多话要说。其实，也不必说了，因为一切都在他的吟唱中。那么，就让我们在这个诗意消解的时代，在这个越来越难以感受生命内质的世界中，聆听那逼近教育本真、深入教育内核的吟唱吧。

是为序。

贺生达

2021 年 1 月于首都师范大学

（贺生达：笔名梦阳，首都师范大学语文报刊社副总编，中国作家协会会员，诗人）

目　录

治教韬略

学科探究

德育纵横

教育智慧

治教韬略

教育工作者加强自身建设是一个重要课题，对个人成长和教育事业发展至关重要。每位教育工作者只有自觉加强自身建设，才能不断提升个人综合素养；只有毕生执着于教育追求，胸怀教育之大爱，才能淡定从容、宁静致远，以强烈的事业心、责任感和无私奉献的精神更好地推进工作落实，脚踏实地地一点点向梦想靠近。

校长需要加强自身建设

校长加强自身建设是一个重要课题,对个人成长和教育事业发展至关重要。校长只有自觉加强自身建设,才能不断提升个人综合素养,更好地推进工作落实。

一、注重学习

校长不爱学习,想法就缺少灵气,讲话就缺少底气,行动就缺少朝气,工作就缺少锐气。每一位校长都要把学习当作一种追求、一种习惯,摆在突出位置,抓紧抓好。一要学会学习。要充分利用网络、报刊等,广泛学习先进的教育经验和做法;要带着课题去学习,避免学习的盲目性;要充分利用进课堂调研、研讨等一切可以利用的机会,把学习和思考有机地结合起来,真正将学到的知识内化为个人的素质和能力。二要坚持专博结合。要学深学透业务知识,同时要认真学习经济、科技、法律、历史、哲学等方面的知识,不断拓宽知识领域,更新知识结构,努力成为一专多能的复合型人才。三要发扬挤和钻的精神。学习是一个渐进提高的过程,日积月累,个人的素质和能力必定会有一个质的飞跃。

二、讲究方法

校长只有掌握科学的工作方法,才能牢牢把握工作的主动权,增强工作的前瞻性和实效性。一要善于抓典型。典型彰显思路,典型体现水平。利用典型经验推动工作,是最有效的领导方法和工作方法。工作按部就班平推平拥,没有亮点、没有特色,就很难出成绩。因此,要发现典型、积极培植典型,确保新典型层出不穷、老典型不断焕发新生机。二要深入调查研究。没有调查，没有第一手资料，就没有发言权，更没有决策权。因此，要始终坚持"实情在第一线掌握，办法从第一线产生，问题在第一线解决，经验从第一线总结"，并积极深入基层调查研究，切实增强工作的针对性和实效性。三要集思广益。任何人的智慧和力量都是有限的。因此，要学会借助外力、整合各方面的力量来促进工作、提高效率。

三、善于创新

一要想创新。要始终保持一种创造的热情和一种超越自我的激情，把创新作为一种责任，抓紧抓好。二要敢创新。对新理论，就要大胆地实践、大胆地探索。要敢于打破思维定式，对于长期没有解决的问题，要换一个角度去思考，换一种途径去探索，换一种思路去解决。三要会创新。要吃透上情、摸清下情、把握内情、了解外请，坚持上下结合。要跳出教育审视教育工作、跳出学校审视教育工作，要抓住热点、找准难点、突破重点，努力推动观念创新、机制创新和方法创新，使教育工作更好地体现时代性、规律性、创造性。

四、务求高效

只有高效的工作，才有高质量的结果；也只有在高效工作时，才能享受工作带来的快乐。要想达到高效，就要做到三点：一是谋划。凡事预则立，不预则废。许多工作之所以进展慢或中间出问题，很大程度上是因为没有计划，什么时候想起来什么时候干，东一榔头西一棒子。世上的问题，就怕研究和琢磨，思考得越多、越深、越远，办法就会越多，推进就会越快，难题也会迎刃而解。二是落实。接到任务后，要在吃透精神、系统把握的基础上，立即行动起来，早人一步，快人一拍。当天的事情当天办，才能高效。三是团结。一个学校教育工作的高效发展，必须依靠集体的智慧和力量，必须团结一致。

五、严守纪律

校长怎么服众？严于律己。只有自己不出问题，别人才挑不出毛病。一要严守政治纪律。要胸怀大局，善于从政治上认识、思考、把握和处理问题，始终保持政治上的清醒和坚定；要围绕中心、服务中心，努力把教育工作放在大局上思考，放在大局下谋划，放在大局中推进。二要严守组织纪律。严格按照标准程序办事，该请示的请示，该汇报的汇报，凡是政策有明确规定要求的，都要坚定不移地贯彻执行。三要严守廉政纪律。"吏不畏我严而畏我廉，民不服我能而服我公。……公生明，廉生威。"要严格遵守规定，努力树立新时期教育干部的良好形象。

实现教育梦，中小学校长必须修好九门功课

校长处于学校管理系统的核心地位，有领导权和决策权，是学校办学方向的引导者、方针政策的贯彻者、学生员工的教育者、人际关系的协调者，其理论素养、教育理念、治校策略等，在很大程度上影响着学校的长远发展。实践证明，要做一名好校长，带领全校师生实现教育梦，必须修好九门功课。

一、建好制度

没有规矩，不成方圆，管理好学校需要制度来约束。校长要重视学校制度建设，带领班子完善学校教育教学、后勤保障等方面的各项规章制度，使学校管理制度化、规范化、科学化。制度的建设要建立在科学实用和以人为本的基础上。每一项制度都要符合教育教学规律，符合学校工作的需要，便于操作，有利于学校长远发展和师生共同成长。校长要发挥主人翁精神，让广大教职工充分参与，并真正发挥教职工代表大会等组织的作用，实行民主科学决策。随着学校形势的发展变化，领导班子要持续修改和完善有

关规章制度。

二、建好思路

校长是学校工作的最高决策者，其思路、眼界、决策将直接影响学校的发展。学校管理时刻考验校长的智慧和能力，时刻检阅校长的思路和治校方略。管理好学校，需要校长建好思路、把好方向。学校的办学理念、管理措施、改革创新、评价方式等社会关注度高、反响强烈，制约学校发展和办学质量提高的每一个因素都需要校长做出科学决策。只有思路正确、决策科学、方向明确，重点突出，形成合力，学校才能获得长足发展。

三、科学用人

学校工作事无巨细，校长不可能事必躬亲，科学用人是管理好学校的前提。因此，校长要具备正确选人用人的能力。一要知人善任，用其所长。校长必须熟悉、了解每位教职工的基本状况和个性特征，着眼于他们的长处，用其所长，避其所短，因事择人，因岗用人，真正把德才兼备、学识渊博、业务精通的人选拔到管理岗位上来；切不可戴着有色眼镜去选人。校长管理干部不要凭着手中权力感情用事，超额配置、比例不当会导致机构臃肿，人浮于事，推诿扯皮。二要主动授权，敢于授权。学校班子建设完善后，校长要大胆使用，敢于把重任交付给他们，放心地把手中权力交给他们去行使，让其充分发挥主动性和创造性，以极大的热情做好所承担的工作。三要用人不疑，疑人不用。校长要充分信任他们，鼓励他们积极、主动地做好各项工作，让其在实践中接受锻炼，在实践中提高才能。

四、规范管人

规范管人是校长管理学校的重要内容之一，用制度管人，让规范管事，学校的许多问题就可以迎刃而解。规范管人不能靠权力压制，不能靠精神钳制，要用制度来监督、约束和规范。学校出台的一切规章制度都是为学校管理服务的，都在为学校的发展保驾护航。校长要切实做到以人为本，有"章"可循，有"法"可依，科学管理，规范管事；要利用学习的机会，定期组织广大教职工学习各项制度，让他们明确自己应该遵守的规章制度、明确自己的育人职责、明确自己所承担的义务和享受的权利。

五、适时导人

教师群体素质有别，思想观念存在差异。个别教师不可避免地会出现一些看问题有失偏颇、职业倦怠等不良现象，影响学校的管理和发展。校长要尽力做好各方面工作。一要抓好培训。做到职业道德培训和业务培训并重，在提升教职工专业能力的同时，培养教职工的职业道德感、自豪感、光荣感。二要抓好个别谈心。针对个体差异，校长要做有心人，要勤于观察，及早发现不良苗头，积极去做引导工作，争取将不良倾向消灭在萌芽状态。时机和场合的选取要适宜，采取被谈心人能够接受的方式方法，鞭辟入里，从根源上解决问题；切不可置若罔闻，也不可蜻蜓点水。三要抓好会议。召开会议的目的是传达各级指示精神，布置任务，分析问题，解决问题，或对广大教职工进行思想教育，给大家指明努力方向等。四要运用好表扬。表扬的力量是巨大的，能够激发人的潜能，促使人积极进取，奋发向上。职业特点决定了大多数教育工作者有思想，荣誉感和自尊心极强，而校长的表扬会让他们倍受鼓舞。校长要对教职工适时给予真诚的表扬和鼓励，让其在自信、被认可和被尊重中张扬个性，培育优点，发扬优点，放大优点。

六、教育创新

人才培养靠教育，教育发展靠创新。新的历史时期，国家提出了实现"中国梦"这一伟大梦想，其本质是实现国家富强、民族复兴、人民幸福、社会和谐。这为教育提出新的课题，需要紧跟时代步伐，不断实施教育创新。学校是培养人才的基地，担负着为实现"中国梦"培养中流砥柱的历史使命。校长的教育创新能力，决定着学校的发展。作为校长，面对新的机遇和挑战，一定要具备教育创新能力，着力构建教育梦想，为实现"中国梦"提供有力的保障和支撑。校长要按照培养实现"中国梦"需要合格人才的要求，切实树立创新的教育观念，不断增强创新意识，敢于创新、勇于探索，大胆突破传统教育观念和办学模式的束缚，科学地分析学校发展的客观形势和环境条件，抓住利于学校发展的一切机遇，注重创新领导管理艺术，加大教育教学改革力度，加快学校管理方法和管理模式创新步伐，全面开创教育工作新局面，用教育创新助推教育事业健康发展。

七、专业引领

校长能否管理好学校，能否让学校长足发展，关键看他是不是教育教学及管理方面的权威和专家，是否能够居高临下发挥专业示范引领的带动作用。校长发挥专业引领作用对自身树立威信、管理好学校、促进学校长足发展是至关重要的。教育教学和管理是业务性很强的工作，校长的专业能力不强，不具备高超的教育教学能力和教育科研能力，就不能高屋建瓴地规划学校的教育教学工作，不能制定恰当的育人目标，不能正确把握课程改革的方向，也不能制定出具有促进作用的保障措施，更不能全面指导教师的教育教学工作。这就要求校长要积极吸纳先进的教育理念，广泛涉猎业务知识、管理知识、人文科学知识，不断充实自己的知识储备，把自己培养成学习型、专家型校长，不断增强自身的专业引领能力。

八、擅长社交

能与社会沟通、遇事协调，同个人或单位合作，是一名优秀校长必备的能力，也是校长具备良好素养的标志。擅长交际的校长，处理各种问题都会得心应手，遇到棘手问题也能及时解决。一名不擅长社交、沟通协调能力较差，不能够较好地与他人或单位合作的校长，是不会成为一名好校长的，也不可能把学校治理得井然有序。作为一名校长，一定要重视社交能力的培养，加强锻炼自己的沟通、协调能力；一定要多与上级部门或有关单位联系，多开展互惠互利的合作，为学校发展和师生成长服务。

九、人格示范

"其身正，不令而行；其身不正，虽令不从。"校长的人格魅力在学校管理中举足轻重，是增强向心力和凝聚力的重要因素。因此，校长要不断加强人格塑造，彰显高尚品德，用自己的人格魅力影响和感召教职工；要发扬无私奉献的敬业精神，甘于寂寞和清贫，一门心思扑在工作上，专心致志搞管理，扎扎实实抓业务，一心一意谋发展；要发挥榜样引领作用，带头接纳新观念、新思想，带头遵守学校的规章制度，带头抵制不正之风，带头参加教育教研活动；要充分发扬民主，广泛征求群众意见，积极为教职工建言献策创设条件；要正确行使权力，合理地配置资源，公平地分配教育教学任务和劳动报酬，涉及教职工切身利益的职称评聘、考核、评先树优等热点问题，要严格按程序办事，给每位教职工应有的评价和待遇，真诚地关心每一位教职工，为他们排忧解难，以心换心，以情育情。

校长培植"七力"，促进教师成长成才

一名教师能否成长为骨干教师乃至名师，在一定程度上取决于校长为其营造了怎样的成长氛围、创设了怎样的成长条件、进行了怎样的影响和引领。校长培植"七力"能够促进教师成长成才。

一、优化环境，借外力

教师健康成长需要清新雅致、书香浸润、健康向上、积极进取、团结和谐、充盈正气的校园环境。鉴于此，校长要致力于校园规划建设，做到布局合理、分区科学、相得益彰，做到绿化美化净化有品位、有层次，为教师营造舒适称心的工作和生活环境；要致力于校园文化建设，打造与办学理念契合，主题鲜明，积极向上，凸显引导教化功能的校园文化，潜移默化地熏陶师生；要致力于书香校园的打造，实施教师读书工程，为教师提供读书学习的良好环境，进行书香浸润，充实精神食粮；要致力于教育教学管理制度的有效落实，各项制度落实要到位，教育教学管理要全覆盖，针对教师考勤要严格，评价措施要跟进，教研活动要经常化，校本研训要制度化；要致力于融洽人际关系的构建，力求决策民主、办事公道、处事公心，取得教职工的信服和支持；要致力于营造"你追我赶"的竞争氛围，定期举办优秀班级、优秀班主任、优秀教研组、师德标兵、教学能手等评选活动，定期组织公开课、优质课、观摩课、说课、撰写优秀教案、撰写教育教学论文等教师基本功大比拼等；要定期举办师德师风、教育教学、班主任工作等系列活动的论坛和沙龙，让教师在活动中开拓视野、增长阅历、认识不足、加压奋进，在历练和竞争中不断成长，努力形成比、学、赶、帮、超的良性竞争格局。

二、充分信任，调内力

信任就是认可和尊重，是教师成长道路上的助推器。校长信任教师，与他们建立良好的人际关系，就会激发其锐意进取的内驱力。教师才能获得施展才华和成功的机会，才能变得自信，不再孤单，不再彷徨，工作起来才能得心应手，其人格魅力才能尽情彰显。校长充分信任教师，表现在敢于把教育教学及管理的重任交付给他们，并给他们搭建成长的平台、展示能力的舞台，提供锻炼的机会，让他们在实施、落实的过程中接受考验、接受锻炼。只有经历一次又一次的锻炼和磨砺，教师才能知不足而后勇，才能主动"充电""补氧"，充实自己、提高自己、完善自己、重塑自我、提升教育教学和管理诸方面的能力，使自己逐渐成熟起来、发展起来、成长起来。

三、示范带头，促引力

榜样的力量是无穷的。校长要时时刻刻、事事处处做教师的榜样，切实发挥示范引领、辐射带动作用，用自身的人格魅力影响感召广大教师，促进他们成长。校长要不断超越自我，要树立正确的价值观、人生观和世界观，立志为教育事业奉献一切，甘于寂寞和清贫，甘为人梯和引路人，孜孜以求，无怨无悔；要树立远大的教育理想，积极学习前沿的教育理念和教育思想，在管理和学校发展上时刻表现出奋斗不息、战斗不止、争当先进的姿态和行为，向教师昭示不甘落后、积极创新、拼搏进取的精神；要养浩然正气，树行为典范；要以身作则，严格要求自己，做遵守学校规章制度的表率，引领教师养成慎独的品格；要持续增强组织能力和指导能力，不断提高管理水平；要坚持业务学习不放松，带头兼课，经常深入课堂听课，定期参加教研活动，把自己锻造成专家业务型领导，发挥业务示范、引领作用。

四、真诚表扬，增动力

表扬的力量是巨大的，能够增强人追求进步和自我成长的动力，能够激发人的内部潜能。教师的职业特点决定了教师追求"千奖万奖不如群众的夸奖，金杯银杯不如群众的口碑"这种人生至高境界，其内心深处强烈渴望被表扬、被认可和被尊重。例会上的一句表扬，校会上的一次提名，工作中随意的一句夸赞，都会让教师铭记在心，备受鼓舞。校长不要吝啬自己的表扬，要多表扬、鼓励教师，促进他们增强认同感、自豪感和责任感，激发其拼搏奉献的豪情和斗志。校长要有意识地去发现、寻找、挖掘每一位教师的闪光点，抓住他们的优点、长处及点滴进步，适时给予真诚的表扬和鼓励，让其在自信、被认可和被尊重中主动张扬个性、发扬优点、放大优点、培育优点。

五、适度宽容，显魅力

对教师适度宽容既彰显了校长管理能力，也反映了校长对教师的期待。

宽容的生活和工作氛围，能让教师学会宽容，变得大气；能与同事、学生和谐相处，建立和谐的同事关系，构建融洽的师生关系，创建团结向上的集体。宽容和谐的氛围，能让教师越来越自信，面对所有困难和问题，而不会有思想的顾虑和过多的精神压力，敢于向困难挑战，勇于克服困难，解决问题，同时激发创造潜能，少走弯路。"人非圣贤，孰能无过。"教师有缺点是正常的，工作中的失误或犯错误也是难免的。校长要加强品德修养，做到厚德载物、宽容大气，有容人之短的胸怀和气度；要正视教师的不足和错误，允许他们失败，包容他们的过失，尽最大可能给予理解和宽容，给他们自我反思和警醒的机会，给他们改正缺点和错误的时间和空间，同时给予他们关怀，让他们感受到被理解的熨帖，感受到宽容背后的期待，进而积极地弥补过失，改正缺点，走正航向。

六、给予自由，激活力

工作生活中的自由，能够大大激发教师创新和创造的活力。这里所说的自由，是教师在遵守一切规章制度，接受学校全程管理、监督和严格落实教学常规前提下拥有的个人自主发展的空间。这种自由并非无视规章制度，不受任何约束，想干什么就干什么的放任自流。教师在备课、课堂教学、作业布置与批改、教学评价、常规管理、家校共建等环节，不必循规蹈矩、坚守固定模式，只要符合教育教学规律，有利于学校长足发展，有利于学生新旧知识的建构，有利于学生综合能力的形成，该简化的简化，该创新的创新，该调控的调控，该统筹的统筹。更为重要的是，教师在完成教育教学及管理任务的同时，要尽最大努力挤出一定的时间自由支配，或课后，或睡前，或节假日，静下心来对自己的教育教学活动进行归纳梳理，加强反思，在反思中掌握情况，认识不足，改进方法和措施，提高能力，促进创新。

七、健全机制，谋合力

科学合理的管理制度和长效激励机制能够为教师持续发展、健康成长保驾护航，凝聚合力。校长要根据管理实际需要和不断出现的新情况、新问题，随时完善学校管理制度，用制度规范管人，科学管事。学校管理制度的制定和长效激励机制的出台，要建立在科学实用和以人为本的基础上，要充分体现人文关怀，还要符合教育教学规律。这利于教师团队的管理，能够调动教师工作学习和创新的积极性、主动性、能动性，能够全面激发教师的内部潜能，利于学校长远发展和师生共同成长进步；要建立教师管理和辞退机制，对那些无视学校管理制度、不遵守规章制度、不能胜任教育教学工作的教师，坚决清理出教师队伍；要完善教师专业技术评价制度，为教师发展提供驱动力。在处理涉及教师职务晋升、职称评聘、年度考核、评优树先等切身利益事项的时候，要做到公正、公平、公开、公示，让广大教师信服，以增强团队凝聚力和向心力。

传统经验型教师面临的挑战及其应对策略

课程改革向传统经验型教师提出了新的挑战，他们已经不能满足当前教育教学的需要。而那些接受新知识和新理念快、有自己独特的教育思想、善于独辟蹊径的教师，则成了课程改革的弄潮儿。

一、课程改革给传统经验型教师带来的冲击

随着课程改革的深入推进，创新型教师愈来愈受欢迎，家长和学生纷纷要求到他们的班里学习。而传统经验型教师在课程改革中发挥不出应有的教育睿智，他们因表现不佳，而备受冷落。

（一）骨干地位有所动摇

部分传统经验型教师一度是学校的中坚力量，被誉为"挑大梁者"，在新一轮课程改革之前，着实为学校争得了荣誉。他们本人也着实风光，获

得的公开课、优质课、教学能手、教学骨干等荣誉证书一大摞。如今，学生生活和成长的环境在发生变化，时代对人才的要求标准也在提高，加上素质教育提出的新理念和新一轮课程改革的评价体制，使得相当一部分传统经验型教师失去了往日的光艳。他们的教育教学水平与其他兄弟单位相比，相形见绌。他们上公开课引不起轰动效应，参加优质课评比获不了大奖，参加教学能手评比榜上无名，不能向社会输送合格的优秀毕业生。更为重要的是，他们培养不出全面发展的人才，升入高一级学校的大多数人能力平庸，得不到学校和社会的认可。这些都使得教师的骨干地位岌岌可危。

（二）教育教学理念落后于时代发展的要求

传统经验型教师积累了大量的教育教学经验，其积极的一面不容否认，值得推崇和借鉴。然而应该看到，时代在变，人的生存环境在变，社会的发展对教育的需求在变，实现"中国梦"对人才的需求标准也在变，原有的教育教学观念、方法与时代的要求相去甚远。面对社会对创新型人才的需求，面对培养学生终身学习、终身接受新知识的能力的需求，面对使每一个个体全面和谐发展、个性得到应有突显的教育需求，部分传统经验型教师很难从原有的认识层面上转变过来，这就严重遏制了教育理念的更新，阻碍了知识的更替，束缚了教育教学手段的创新，极大地影响了学生素质能力的发展。

（三）原有经验模式阻碍了新一轮课程改革的推进

课程改革强调重建课程结构，促进学生和谐、个性化发展；强调师生互动、生生互动，体现教师对学生的人文关怀；要求教师积极为学生搭建有效的平台，引导学生进行自主、合作、探究性学习。但是，相当一部分传统经验型教师面对课程改革很茫然。在处理如何改、改什么、掌握怎样的度、应该重点关注什么等一系列问题时，他们往往依赖已有的经验实施教育教学策略，在技术操作的层面上施展雕虫小技，在形式上作秀，贪求表面上的热热闹闹，而深入不到课程内涵层面，不能触动课程改革的核心内容，改不出成效来。让他们改变一种实践方式，丢弃原有的经验模式，他们就会感到失落、困惑。一些优秀教师更是如此。他们不愿意放弃自己得心应手的教学模式，接受新的教学观念和教学方式也极为困难。

二、传统经验型教师面对新一轮课程改革的应对策略

广大教育工作者要正确认识自己，直面课程改革的形势和需要，积极应对，逐步适应新课程改革要求，适应学生需求，为学生全面、和谐、有个性地发展服好务。

（一）正视过去

教师应该抛去头上的光环，摒弃旧的教育观念、思维方式和教学模式，要明确经验只是过去工作情况的积淀，仅能当作知识的储备和课程改革的物质基础，应一切从头开始，重新书写新的教育篇章。

（二）明确角色

教师应该明确自己在课程改革中的角色，以一个组织者、引导者、促进者、实践者、课程开发者和课程研究者的身份投入课程改革，融入教育教学工作；应不断整合教育资源，关注每一个生学，让他们全面、和谐地健康发展。教师应树立责无旁贷的课程改革意识，对学生负责、对基础教育改革负责、对社会负责，以饱满的热情、昂扬的斗志、谦虚务实的工作作风，积极投身到新一轮课程改革中，把自己培养成为一个既有丰富经验又具备创新能力的组织者、引导者、促进者。

（三）学会学习

课程改革要求教师学会学习，广泛而积极主动地涉猎前沿的教育教学理论、储备精到广博的专业知识和人文科学知识，努力提高个人的认知水平、培养洞察问题的能力等方面的素养，从而占据课程改革的制高点。因为教师要想做到很好地引导学生学习、明理，就必须自己在知识面、理论水平、认知水平、洞察问题的能力等方面具备较高的修养。只有这样，在教育学生时才能达成"随风潜入夜，润物细无声"的效果。

（四）学会合作

课程改革打破了过去单一的学科界限，加强了学科的整合，知识的共融性较强。如果教师再像以往那样凭着个人已有的经验孤身作战，势必难以完成预期的教育目标。再者，育人工作并非举一人之力能够单独完成的，需要大家通力合作。在课程改革的大背景下，每一位教师都应该学会合作，与同事加强交流，取长补短，大家携手共进，圆满完成教育教学任务。

（五）学会思考

会思考才有思想，会思考才能根据已有经验摸索出新的教学规律，会思考才能构建适应课程改革需要的教学模式。教师通过对自己教学行为的回顾，总结出教学经验，是自我成长的一种方式，也是由简单的实践者向理性的研究者转变的重要标志。面对课程改革，教师应该学会反思，并且通过教育日志、教育叙事、教育案例等形式，把自己的教学过程、发现的新问题、体会、感想、启示等写下来，以便于指导自己今后的工作。

总之，我们应该充分认识到过去的经验只是当前和未来成功的基础，不是取得成功的决定性因素。当前和未来的教育赢家是那些适应形势快、学习和创新能力强、适应新一轮课程改革需要的人才。

业务校长不代课弊端多

十多年前，学校任何一位一线教育工作者如果不代课，尤其是不任教主科，他们就没有资格参与学校的教学管理工作，因为没有一线教学经验，老师们既不佩服又不配合。现在情况变了，学校出现了一种怪现象，中层以上干部越来越多了，机构越来越臃肿，可是教学示范作用却越来越弱了，导致老师们怨声载道。如今，正副校长不代课的现象司空见惯，老师们意见很大。校长的行政事务比较多，做的是宏观管理工作，不代课也就罢了。

然而，业务校长不任教课，甚至不代课，是不合情理的，需要引起广泛关注。

一、业务校长不代课无法起到示范的作用

一方面，教育主管部门出台的各种文件明确规定，业务校长必须担负一定量的教学任务，以利于其深入教学第一线了解教情和学情，更好地进行宏观把握、微观指导，做好教学管理工作。一方面，业务校长既担负着教学的任务，又担负着指导广大教师进行教育、教学、教研的任务，能起到教学研究、教学管理、教学评价、教学指导、教学督导、教学服务的作用。业务校长应该充分认识到自己所扮演角色的重要性，应以身作则、以身示范，积极投身新课程改革之中，以改革者、创新者、引领者的姿态影响、感召广大教师，时刻关注教育教学活动，及时指出活动中存在的问题，有侧重地开展工作。

二、业务校长不代课不利于学校和自身的发展

不愿代课的业务校长总认为自己曾经创造过辉煌的业绩，积累了丰富的教学经验，应对教学管理工作绰绰有余。如果面对社会对创新型人才的需求，面对培养学生终身学习、终身接受新知识的能力的需求，面对让每一个个体全面和谐发展，让每一个学生的个性得到充分张扬的教育需求时，不深入一线教学，还谈什么发展呢？俗话说："拳不离手，曲不离口。"教学亦然。个人的教学实践和教学研究工作如果跟不上教育改革的发展，与教育规律背道而驰，个人的业务水平停滞不前，就不会达到至高境界的。别人在不断进步，你却不能占据知识的制高点，仍然用老眼光、过时的经验来指导教学工作，就会导致管理无方、指挥不当，缺乏针对性、超前性、创新性，就绝对不会取得预期效果。在这种情况下，都不能做一名合格的业务校长，对学校和个人的发展又有何益处呢？

三、业务校长不代课是优质资源的浪费

众所周知，业务校长绝大多数是从骨干教师、教学能手或学科带头人中提拔起来的。他们之所以能够被提拔到业务校长这一岗位上，就是因为他们业务精湛，积累了大量丰富的学科教学经验，且教学效果突出，具有示范、指导全校教学工作的能力。另外，教育主管部门之所以把他们提拔到业务校长的岗位上，除了想发挥他们业务管理、业务指导的作用，更为主要的是，想让他们继续发挥教学示范作用，激励他们在业务上潜心钻研，发挥学科教学优势，进而潜移默化地影响、感召、引导广大教师深入钻研教材，研究教法，不断创新教学形式，广泛开展教科研活动，以提高教师群体整体水平，教育更多的学生，为学校培养更多的优秀人才。如果业务校长不代课，不再凸显教学优势，就失去了提拔他们做业务校长的意义，同时对学校、老师、学生来说也是很大的损失，是一种优质资源的浪费。

四、业务校长不代课会加重学校的负担

业务校长必须担负一定量的教学任务。上级人事部门在核定学校教师编制的时候，已经把业务校长担负的教学任务充分考虑进去了，按岗设编。如果业务校长不代课，需要其担负的教学任务就必须由其他教师分解，无形中加大了其他教师的工作量，增加了其他教师的负担，不利于教学工作的顺利开展。如果业务校长的教学任务在教师中得不到分解，学校势必自聘教师来担负相应的教学任务。自聘教师工资得靠挤占挪用教育经费解决，无形中加重了学校的经济负担。校长不代课、业务校长不代课，党支部副书记不代课，后勤主任不代课，其他中层干部仅代少量的课，学校的负担有多重，不言而喻。

五、业务校长不代课不利于增强学校的凝聚力

脱离一线教学实践，离开教学教研最深厚的沃土，业务校长还能正确把握教学规律和教改的发展方向吗？作为业务领导在教学上还有超前改革

意识和创新意识吗？其见解还能做到一针见血吗？在业务指导上怎么能做到高屋建瓴、纵横捭阖？如果业务校长的思想、方法、情感、态度和价值观与广大教师向背，在业务指导上夸夸其谈、指手画脚，还有人信服吗？在业务上实施管理还有人服从、配合吗？如果到了这个地步，学校领导班子还有什么凝聚力可言？学校还谈何健康、有序发展？

业务校长不代课所带来的负面影响是多方面的，不再一一赘述。各级教育主管部门应该积极强化措施，敦促各学校严格落实业务校长代课制度，真正让各级各类学校的业务校长始终坚持在教学第一线，坚持理论联系实际，用在一线得到的教学经验指导全校教学工作，促进教学工作不断创新，务求取得实效。

教师需要修炼"十心"

做一名令学生、家长和社会满意的教师，除具备知识渊博、师德高尚、业务精湛等良好素养外，还需要修炼"十心"。

一、要修炼"爱心"

"教育是爱的事业，没有爱就不会有教育。"一位哲人说过，爱自己的孩子是人，爱别人的孩子是神。爱心是教师赢得学生信赖的基础，是学生取得进步的动力。尤其是小学生，他们年龄偏小，一直被父母，甚至几代人宠爱着，被爱和亲情包围着；大多数感情脆弱，经不起任何打击和挫折，忍受不了冷漠和感情的疏远。在学校，他们渴望老师能够像他们的父母长辈一样关心、呵护他们。因此，教师要拥有一颗慈母和严父般的爱心，不论是学习、生活，还是人格修养等方面都应该倾其所有，给予学生百般关心、万般呵护，理解他们，爱护他们，引导他们，启发他们，教育他们，让他们感受到你的浓浓爱意和学校生活的温馨。

二、要修炼"热心"

做教师的首要条件，就是要热爱教育事业、热爱班级工作、热爱学生，怀着满腔热情，揣着一颗火热的心去做教育教学和管理工作。切不可"当一天和尚撞一天钟"，也不可把从事教育工作当作谋生的手段，而应把教书育人作为人生追求的崇高目标，为之拼搏，为之奋斗。只有热爱这份工作，并执着追求，前进的道路上才会有不竭的动力，才能充分发挥潜能，才能创新管理方法，才能无私地关爱每一个学生，管好班级。

三、要修炼"公心"

在学生心目中，教师是社会的规范、道德的化身、人类的楷模、父母的替身。最好的教师莫过于公正无私、言行一致。学生最希望教师对所有人一视同仁，不厚此薄彼；最不满意教师仅凭个人好恶和偏爱，偏袒或冷落、歧视某些人。特别是对于后进生来说，他们更需要这样的老师。他们希望与优等生得到同样的关心、同样的爱。教师要力戒"晕轮效应"的认知偏见，避免感情用事。不管学生来自什么样的家庭，不管相貌如何，不论聪明可爱还是愚笨顽劣，作为一名品行高尚、具有良知的教师要拥有一颗公平心，对待任何学生都应该一视同仁，让他们真切感受到你的坦诚正直。只有教师具有浩然正气，培养出的学生才会充满正气，才会洁身自爱、健康成长。

四、要修炼"童心"

"亲其师，信其道。"作为教师，面对学生切不可总是严肃、呆板、老气横秋，应该充满生气和活力。在进行教育教学、管理时，或在课余生活中，应多与学生交流沟通，多俯下身子倾听他们的心声，多参与他们的活动，与他们一起读书学习，一起研究探讨，一起做活动，一起探究未知世界，带领他们走进大自然、走向社会，用不泯的童心和人格魅力感染学生、凝聚学生、征服学生，进而让学生佩服你、接近你，把你当作知心朋友，向你倾诉、向你撒娇。

五、要修炼"诚心"

庄子曰："真者，精诚所至也，不精不诚，不能动人。"据了解，有的学生在评价老师的时候，会说这个老师人前一套人后一套。教师说话做事表里不一，缺乏真诚，喜欢作秀，势必会让学生厌烦，甚至产生逆反情绪。这样教育效果就会大打折扣。教师要放下架子，走到学生中去，与学生真心交流，用真诚赢得学生。学生才会真正从心里接纳你，把你当成他们中的一员。

六、要修炼"耐心"

耐心是教育教学成功的保障，能够使教师消除失望感和挫折感。只有有耐心，教师才能以一种宽容的心态对待学生，以一种接纳的态度对待学生。教育工作并非一朝一夕能够完成的，对学生的教育也并非立竿见影的事情，它需要教师具有非凡的耐心，耐得住工作中的枯燥乏味。在日常工作中，教师要按照渐进性原则，对学生进行施教，尤其对后进生，更要抱有坚定的耐心，用耐心发现他们的闪光点和进步，并及时予以肯定和鼓励，使他们在肯定、鼓励和一次次进步中感受到成功的快乐，不断增强自信心。当这些学生再次犯错误时，教师要能够用宽容的心态包容这些错误，抱定"人性本善"的信念，及时帮助学生认识错误，改正错误。

七、要修炼"细心"

细节决定成败。一名粗心的教师无法走进学生心灵深处，不会有针对性地进行施教，育人效果也就不言而喻了。教育教学及管理工作需要教师做个细心人，需要养成细心的好习惯。有一个调查，向一个班级的48个学生提出这样一个问题：你们有委屈向谁诉说？调查结果显示：向好朋友诉说的 30 人，默默忍受的 18 人，却没有人向家长和教师诉说。这种现象不是很值得我们深思吗？固然，青春期的孩子，封闭和独立是共有的心态，发生在学生中间的许多事情，教师常常是最后一个知道的。原因在于教师没有做个细心人，没有及时深入地了解和细心地观察，没有走进学生心灵深处与他们建立彼此互信的融洽关系，学生不愿向教师敞开心扉。教师要有强烈的责任意识和使命感，要全过程关注学生的成长，细心留意每个学生的思想感情变化和学业情况，及时进行疏导。

八、要修炼"慧心"

青少年时期是学生获取知识、培养能力、提高素质、明确人生航向、确立正确人生观和世界观的奠基时期，是成长的关键时期。这个阶段，学生的成长有一个渐进的过程。教师应该拥有一颗慧心，正确去对待，晓之以理，导之以行，妥善处理。"金无足赤，人无完人。"明智的教师对任何学生都不会求全责备，一棒打死，而是拥有博大的胸怀，用一颗宽厚的心对待他们，包容他们的一切，对他们所犯的错误和存在的缺点给予最大限度的宽恕，然后做耐心细致的疏导工作。要允许学生在成长的过程中犯错误，给他们足够的改正缺点、错误的时间。更为重要的是，要学会欣赏、发现每个学生的优点并及时给予表扬和鼓励，帮助他们树立信心，促使他们奋进。切不可急功近利，亦不可揠苗助长，反其道而行之。

九、要修炼"事业心"

教师具有的强烈的事业心是一种宝贵的品质，是做好教育工作的内在动力。这种事业心能使人有更高的境界、更大的智慧、更大的耐性、更大的收获、更大的幸福。"太阳底下最光辉的职业""人类灵魂工程师"等说法，尽管有戴高帽之嫌，但我们听起来很受用，比"教书匠""孩子王"等说法受用得多。可见，上进心、事业心是教师的主流心态。教师要坚信自己所从事的工作是崇高的事业，对自己的选择无怨无悔，要全身心地投入，爱岗敬业、无私奉献、做一个有大爱的人，既教书又育人，为培养社会需要的合格人才不懈奋斗。

十、要修炼"平常心"

从事基础教育工作是平凡的、单调的、清苦的。教师的社会地位不高，社交范围很窄，在物质方面不能创造万贯家财，在权力方面不能呼风唤雨。面对开放的经济大潮、清贫的生活，教师要拥有一颗平常心，全身心地投入教育教学中，在平凡的工作岗位上做出不平凡的业绩；要拥有一颗平常心，为自己所从事的用知识传递知识、用心灵浇灌心灵、用责任培育责任、用文明创造文明的事业感到骄傲和自豪。

教师也渴望得到表扬

从事教育工作的人都知道，学生特别喜欢被表扬。教师的一句表扬将会极大地带动学生学习和参加各项活动的积极性。同样，教师也渴望得到表扬。

大多数教师都非常在意领导的评价。领导的赞许和表扬是调动教师工作积极性的促进剂，会提高其工作干劲，有助于打造团结协作、积极进取、奋斗不息的团队精神。然而，现实生活中有部分学校的负责人非常吝啬自己对教师的表扬，他们只看见教师的不足，经常说风凉话，拿自己的优点与教师比，把自己的观点强加给教师们。殊不知，他们的做法会给教师造成难以治愈的创伤。

一个刚走出校园的大学毕业生怀揣着对教育事业的满腔热忱和对美好生活的憧憬走上了教学岗位，平日里他虚心好学，以百倍的热情和信心在教学园地耕耘。然而，学校领导的一席话却改变了他，使他掉进自卑的深渊，难以自拔。这个学校领导在听完这个青年教师执教的一节语文课后，凭个人好恶在全体教师大会上彻底否定了这节课，并说什么要搞一个模式供这个青年教师学习。这位青年教师重重地挨了一棒，产生自卑心理。多年来，这位青年教师的教学成绩一直不错，可他从不参加上级教育部门和学校搞的任何评优活动。当然，他在课堂教学方面也就失去了很多锻炼的机会。可想而知，这个领导的一席话对他的打击有多大。

人无完人，孰能无过，何况是一个刚刚走上教学岗位的大学毕业生。再者，这位青年教师的课真的一无是处吗？刚参加工作的教师不可能把教材挖得那么深、那么透。他能带领学生学会一个新字，读上几遍课文，让学生有了新的收获，这就说明他的课有值得肯定的地方。学校领导就应该给予肯定、表扬、鼓励，然后指出不足，提出改进措施。这样效果不是更好吗？何况"教无定法，贵在得法"？尤其是语文教学，教师的素养不同、审美观不同，对教材的理解程度就不同，其教学风格和教学方法因人而异，也是正常。学校领导提出按模式进行语文教学是不妥的，也不符合教学规律。从另一个角度考虑，作为领导连最基本的教育常识都不懂，怎么能抓好业务呢？在其领导下，教学改革又会走向何方？

渴望得到表扬是人的本性。希望各级领导都能做个有心人，多观察、勤发现教师的优点，并给予及时的表扬，激发他们的创新精神。

班主任工作的重要性

中小学生受社会环境和不良风气的影响，他们之中经常会出现一些棘手问题。另外，家长的维权意识增强，对班主任的要求高、期望值大，也导致班主任的责任大、压力大。因此，多数教师不愿担任班主任。然而，实践证明班主任工作是教师职业生涯中一笔宝贵财富。

一、利于个人政治进步

各级政府和主管部门都非常重视班主任工作，出台了班主任工作条例，加强班主任队伍建设，既为班主任专业成长搭建了平台，又为班主任外出学习、进修创造了机会。同时建立激励机制，将班主任工作量和荣誉纳入职称评聘序列，将优秀班主任纳入后备干部重点培养序列，为他们搭建锻炼成长的舞台。

二、利于养成学习习惯

班级管理需要班主任拥有先进的教育理念、渊博的专业知识和人文科技知识，需要掌握一定的班级管理知识、方法和技巧，以及青少年心理和生理发展变化规律、与青少年沟通交流的方法技巧、创新班级管理和育人等方式方法。以上要求有助于班主任树立学习的理念、增强学习意识，养成学习的好习惯，成为学习型教师。班主任一旦养成良好的学习习惯，其教育教学势必得心应手，班级管理亦会有条不紊，师生关系必将和谐融洽。

三、利于提高人格修养

学生来自不同家庭，他们的生存环境、成长经历等存在不同程度的差异。班主任需要具有相当的爱心、耐心、细心，需要不急不躁、循循善诱、因材施教，需要用高超的教育技巧和良好的人格魅力教育学生、感染学生、影响学生，使其"亲其师，信其道"。责任感促使每一位班主任时刻严于律己，不断加强自身修养，全面提升教育疏导能力，增进与学生的沟通和交流，积极发挥示范引领作用，用良好的人格魅力增强教育的凝聚力和向心力，从而取得良好的育人效果。坚持做班主任，其人格素养和人格魅力必将提高。

四、利于培养交际能力

班主任是联系学校、科任教师、学生家长及社会的桥梁和纽带，是班级工作的组织者和实施者。班主任需要把班级情况及时向学校领导反映，征得他们的支持和帮助；需要经常向科任教师了解学生情况，全面掌握学生在校表现；需要定时与家长或监护人联系，反馈学生在校表现，了解学生在家表现，征得家长或监护人的理解、支持和帮助；需要带领学生开展社会实践等，这些都需要班主任具有较强的社交能力。担任班主任，组织协调沟通能力也会在班级管理过程中得到快速提升。

五、利于增进师生情谊

班主任与学生朝夕相处，应时刻关注他们的思想变化、关心他们的学习情况，照顾他们的生活。相比一般科任教师，班主任与学生接触的时间长，对学生了解得深刻，与学生交流得多，付出的感情也多。随着时间的推移，在师生交流互动的过程中，学生会逐渐产生感恩之心，这有助于师生间建立起深厚的师生情、朋友情。而且这种情感深厚长久，是人生中既难得又弥足珍贵的财富。

总之，希望每一位教师都能够正确看待班主任工作，珍惜班主任工作的经历，享受班主任工作带来的成就感、自豪感和幸福感，积极争当班主任，争做优秀班主任。

新课程背景下的校本研究摭谈

教育是一门学问，也是一门艺术。实践证明，离开校本研究的教育活动如无源之水、无本之木。下面，就新课程背景下的校本研究浅谈一点儿个人见解。

一、认清校本研究的意义

2012 年，教育部在《关于改进和加强教学研究工作的意见》中指出，"开展以校为本的教学研究要以促进每个学生的发展为宗旨，以新课程实施过程中教师所面对的各种具体问题为对象，以教师作为研究主体，研究和解决教学实际问题，总结和提升教学经验，努力把学校建设成为学习型组织"，明确了校本研究的现实意义。

（一）教师专业发展的需要

课程改革，作为中国当代教育的一场深刻改革，冲击的是中国教育落后的观念、陈旧的体制。但凡改革都有一个"阵痛"的过程，需要付出一定的代价，要使这场改革"阵痛"程度降低、过程缩短，必须要有一个提升教师专业发展的培训机制对教师进行培训，使其教学行为和教学观念发生变化。因此，可以说新课程呼唤着校本研究，教师的专业成长呼唤着校本研究。新课程理念下的教师，应是现代意义上的专业型教师，是学校开展教改探究活动的主体，能够在教学中研究，在研究中教学。另外，教师作为"传道者"，必定要先"悟道"。学生学习方式的改变需要教师的引导，这就要求教师首先会学习，要"传道"，就必须先"有道"，"授人以鱼，不如授人以渔"。因此，不论从学生的学习方式的改变这个角度来考虑，还是从教师自身专业成长这个角度来考虑，学校开展校本研究都是必要的。

（二）教师专业成长的主要途径

教师成长的途径有多种，其中校本培训是教师专业成长的重要途径之一，而校本研究是校本培训的主要方式。"教师即研究者"运动的积极倡导者，著名理论专家斯腾毫斯认为："如果没有得到教师这一方面对研究成果的检验，那么就很难看到如何能够改进教学，或如何能够满足课程规划。如果教学要得到重大的改进，就必须形成一种可以使教师接受的，并有助于教学的研究传统。"这种研究传统将学校实践活动与研究活动密切结合在一起，大力倡导学校教师参与研究的校本教研。

二、增强校本研究意识

校本研究是基于"校本问题"的，以教师为研究主体，以学校的突出问题和发展需要为研究课题的研究活动，是在学校中进行的。也就是说，校本研究就是为学校和学生的长远发展着想，从学校的实际出发，针对本学校所面临的实际问题，由学校教师开展的一系列研究工作，旨在改进学校教育教学效果，提升学生素质。因此，我们应增强校本研究意识。

（一）认清校本研究的实质

即要解决当前教育教学中的各种实际问题。也就是说，中小学校本研究的课题不在大而在小，不在深而在实，应想教育教学之所想，急教育教学之所急。否则，校本研究就是瞎研究、空研究。

（二）重视校本课程开发

校本课程是中小学课程计划中有益的、必要的组成部分，教师应该结合自己所教学科，广泛收集、整理、开发本地可利用的教育资源，再整理、加工、优化、组合，使其成为教学的有机组成部分，引导学生从课内走向课外，从学校走向社会，从理论知识走向实践，增加人文教育内涵，加强体验教育，开阔学生视野，培养动手能力和综合实践能力，真正做到国家、地方、校本课程共生共长，形成有机的教育整体。

（三）突出研究实效性

专家、学者进行的课题研究大多是理论研究、宏观研究，课题比较大，研究内容也比较宽泛，其周期长，实效短，缺少自主性和实用性。一线教师应该明确认识到校本研究与专家、学者的研究有所不同，应该着重研究教育教学实践中存在的突出问题，研究的落脚点应该是本校，研究的结果能够指导和改进本学校或本学科的教育教学工作，而且便于操作，便于转化，突出实效性。这就要求我们要时时留心周围的一切，要以研究者的眼光审视、分析和解决教学中出现的各种问题，要本着"教什么、研究什么"的原则，紧密结合本职教学工作去开展校本研究，使教学工作和教研工作融为一体。只有这样，才能收到"教研相长"的效果。

（四）找准问题的"突破口"

校本研究的"突破口"就是以教育教学实践中的问题作为课题开展研究。

这就要求广大中小学教师要树立起"问题就是课题"的意识，把一个又一个教育教学中有意义的实际问题，经过"设计"转化为一个又一个富有个性特色的校本研究课题，再通过攻克一个又一个研究课题来解决一个又一个教育教学中的问题。这种行动研究，最易达到同步推进教育教学教研工作、稳步提高教育教学教研质量的目标。

（五）强调全员参与

校本研究不是某一个人或某一个部门的事，它是一项极其复杂的系统工程，需要学校里的每一位教师共同参与，集体攻关，积极探索，深化研究，真正实现理论与实践的结合。在不同时段，学校要通过不同形式营造浓郁的校本研究氛围，做到人人有目标、人人有任务，实现人人有成果、人人有教育教学个性、人人形成不同教育教学风格的喜人局面。

三、角色要正确定位

教育工作是一项系统工程，每一位教育工作者应该充分认识自己，在开展校本研究工作的过程中应有所侧重。

（一）校长重在思想指导

校长是行政领导，更是教育思想的领导者。体现在校本研究工作上，应该时刻关注广大教师的教育教学活动，帮助他们指出教育教学活动中存在的共性问题，进行选题、定位，再放手供大家研究。在研究的过程中，及时进行调控，以免教师走弯路、钻牛角尖。

（二）教导主任重在示范

教导主任承担着学校的教学研究、教学管理、教学评价、教学指导、教学督导等工作，既担负着教学任务，又担负着指导广大教师进行教育、教学、教研的任务。因此在校本研究活动中，要以身作则，积极投身于新课程改革之中，以改革者、创新者、引领者的身份影响、感召广大教师。

（三）凸显教师校本教研的主体地位

一线教师是教育教学的具体实践者。因此，一线教师的教育教学实践活动和校本研究活动对新课改至关重要。他们需要在实践中实施自己的教学理念，感悟学生的成长；在校本研究活动中改进不足，创生新的教育资源，然后再实践，发现问题、寻找不足，再研究，再完善。当前正是新课程改革的推广实施阶段，这就要求校本研究要以新课程为导向，以新课程实施过程中所面临的各种具体问题为对象，努力为课堂教学改革服务。一是要找准"抓手"。也就是找到"教的改革"和"学的改革"的结合点，即校本研究与课堂教学改革的结合点。二是要明确教师在课堂教学改革中应发挥的作用。教师在课堂教学改革中的主要作用不是"灌"而是"导"。比如，当学生的学习态度不端正时，教师应适时引导；当学生的学习方法不对时，教师应给予指导；当学生的学习思路不清晰时，教师应给予引导；当学生的学习成绩不好时，教师应给予辅导。

四、改进校本研究方式

传统的读文件、看录像、听报告、参加课题研究等形式的教研活动已经不能适应新课程改革的需要，也失去了它的实际意义。我个人认为，如今的校本研究应该强化以下五个环节。

（一）强化观摩

经常通过"请进来"和"走出去"的形式，组织教师观摩专家、名师执教的观摩课，听取他们的专题报告，在互动中达到取长补短的目的。但是，组织过程一定要严密，要切实保障每一位听众能够遵守纪律，真正静下心来听完整堂课，而不流于形式。

（二）强化评课

学校组织听课活动，一定要重视评课的环节，既要找出教师所执教课的亮点，给予鼓励，增强其自信心；又要找出不足，指出努力方向，让大家一起探讨，共同研究教法和学法，帮助执教者不断改进。这里要注意的是，评课时要把握准教学目标，切不可主次不分。

（三）强化集体备课

新课程要求教师共同承担教研课题或教改任务，强调团队精神。可以说，教师集体的同伴互助和合作文化，是校本研究的标志和灵魂。为此，要激发每位教师的兴趣爱好和个性特长，使他们在互补中成长，在彼此互动、合作中成长。就校本研究发挥作用的机制而言，必须是他们集体的研究，唯有教师集体参与研究，才能形成一种研究的氛围、一种研究的文化，这样的研究才能真正提升学校的教育能力和解决问题的能力。集体备课是教师互动、共生共长的过程，必须加以强化。学校应该每周专门拿出一定的时间，或同科全部参加，或以年级组为单位，大家坐在一起备课、说课，对共性问题进行有针对性的研究，集体攻关，备出体现新课程理念的通用教案。每一位教师在执教前，应根据个人和本班学生的实际情况进行再创造，调整、设计个人的教案，然后再付诸实践。

（四）强化研讨交流

每隔两周学校要举办一次新课改专题研讨会或教师论坛，对此段时间全校范围内或同一学科的教师在教育教学过程中出现的热点问题、焦点问题、棘手问题等进行搜集、梳理，选取具有代表性的一两个典型案例组织所有教师研讨，共同发表意见、提出见解，最后确定出最佳解决方案，让大家共同收益，达到资源共享。

（五）强化教学反思

这是教师专业发展和自我成长的核心因素，是教师以自己的教育教学活动为思考对象，对自己所做出的行为、决策，以及由此所产生的结果进行审视和分析的过程。教师通过对自己的教学行为进行回顾反思，总结教学中的得失，是其自我成长的具有个性化的校本研究方式，也是其由简单的实践者向理性的研究者转变的重要标志。因此，应该要求所有教师都通过教育日志、教育叙事、教育案例等形式，把自己在教学过程中发现的新问题及其体会、感想、启示等写下来，以便指导自己今后的工作。

五、健全校本研究制度

建立与新课程相适应的以校为本的研究制度，是学校发展和教师成长的现实要求和紧迫任务，是新课程顺利实施的重要保障。

（一）建立研究组织制度

建立研究组织制度，必须要健全开展校本研究的网络机构，不仅要发挥学校教科室的龙头作用，为本校教师开展教育行动研究提供方法指导和专题指导、定期组织学校的教科研交流活动以促进教师间的相互交流；而且要充分发挥学科教研组和年级组的教研作用，使教研活动渗透到基层，与教师的教学活动紧密衔接。

（二）建立研究启动制度

一项研究内容的确定，往往意味着教师将为此付出大量的心血和时间，如果选题不当将造成极大的资源浪费。因此，必须建立并加强研究启动制度，做好研究需求调查和研究课题申报等工作，使教学研究能始终在正确理念指导下确定研究方向，并顺利开展。

（三）建立对话交流制度

教师的专业成长，只有在教学实践过程中才能得以实现。尤其是年轻教师。这就更需要学校建立一种正常有序的对话交流制度，进行信息交换、经验共享、深度会谈、专题研讨，注重"以老带新，以强带弱"，以促进整体水平的提高。

（四）建立研究服务制度

校本研究制度是管理者充分服务于教学的体现。比如为教师提供图书、网络信息等服务为教学研究提供了强大的后勤支持，有助于提高教师参与研究活动的积极性。

总之，我们应该通过校本研究找差距、学新知、创新法，不断探索教育教学规律，努力做到"教"与"研"相长，不断提升教育教学水平，促进学生全面发展。

也谈观摩示范课的打磨

各级教研部门举办各科示范课观摩活动的目的，是发挥优秀教师教学的引领示范作用，促使教学教研工作长足发展。其在展示课堂教学成果、研讨课堂教学、推进课堂教学改革过程中，所起到的积极作用是有目共睹的，亦是其他教研方式所无法取代的。其环环相扣的教学环节、精辟的教学语言、细读文本后的预设、精确的时间安排等，让听课者非常受益。现粗浅地谈一谈观摩示范课的意义。

一、帮助教师树立精品意识

教研活动是为了帮助教师树立精品意识和超前意识。只有让广大教师具有打造精品的意识，才能提升教研水平，提高教学质量。举办教学观摩示范课，执教者理所当然地要为广大教师提供精品、展示精品。也就是说，执教观摩示范课的教师不论是教学思想、教育理念、教学技巧、教学风格，还是教学技能，都必须高人一筹，有可赏、可品、可学、可借鉴之处；否则就失去了举办此项教研活动的意义。鉴于此，执教单位会对执教者的课进行多次打磨，执教者本人也会对所选的课进行一次又一次打磨。他们的做法是可以理解的。这种精益求精、追求尽善尽美效果的做法是值得推崇的。因为，举办观摩示范课是帮助广大教师树立精品意识的最佳活动。

二、指明课堂教学努力方向

举办观摩示范课最主要的目的之一，就是为广大教师指明课堂教学及教学改革的努力方向。观摩示范课经过打磨，提供的是精品，具有典型性。执教者所选的课是根据本地区教学实际需要和课堂教学改革需要设计的，是经过认真反思、研讨、提炼、梳理后敲定下来的，有超前的教育理念、教学思想和教改思想，有明显的导向作用，能够为本地区广大教师课堂教学指明方向。不集众人智慧、不经过打磨的课，其教育理念、教学思想和教改思想就不可能在课堂教学中全面展示出来，也就不能为广大教师指明课堂教学、教学改革所努力的方向。

三、培养团队合作教研精神

古代私塾，先生授课采取的是传授教育、灌输教育，仅凭一人之力就可以对学生实施教育。如今是知识爆炸的时代，社会不断进步，经济快速发展，社会对人才的素质要求越来越高，这就要求对学生的教育由单一走向多元，而教育研究工作将由单打独干走向集体攻关。面对新的教育形势，教师的团队精神、合作精神很重要，尤其是教师的团队合作教研精神。学校要积极引导和促使广大教师参与到对教育现象和教育热点、难点、焦点问题的集体研究、集体攻关行列中，激发其教研热情。观摩示范课的磨课过程，实际上是一个团队合作、集体教研的过程，是集思广益、发挥大家互帮互助精神的过程，是营造浓厚教研氛围的过程，有助于培养教师团队合作教研精神的原动力。

四、反映地区的教研水平

一位教师的教科研能力再强，课堂教学水平再高，没有多维校本研究的介入，脱离集体教研肥沃的土壤，其课堂教学就不会生动、鲜活、实用，是不会受到大家好评的。观摩示范课的最终出炉，多数要经过执教者单位同级部教师集体备课，即同学科教师、教导主任、业务副校长共同反复听课、评课。执教者再根据集体评课提出的改进意见，修改教案。之后，再磨课，邀地区各级教研员进行全方位指导。执教者历经多次磨课，根据指导意见再修改教案，直至学校集体备课人员和地区各级教研员无异议为止。由此可见，观摩示范课是校本教研结出的硕果，是集体智慧的结晶，代表着本地区的课堂教学教研水平，能够反映出本地区校本研究的动向，意义重大。

五、体现教师个人素质

多数观摩示范课经过反复磨课，融入了众人的教学思想和教学理念。在执教过程中，优秀的执教者对新事物的接受能力、对新的教育思想和教育理念的领悟能力、对教材和教案的驾驭能力，以及教学过程中处理偶发事件的能力等都会有所提高。如果一位教师个人素质较差，教学基本功不过关，即使是再优秀的教案，也不会达到预期教学效果。至于大家将执教磨课的教师说成"炮架子""木偶"等等，是带有片面性的。综观每一次课堂教学观摩活动，不论是哪个地区、哪节观摩示范课都或多或少地经过磨课，可是，为什么结果却大相径庭呢？不言而喻，重要原因之一，就是执教者的个人素质使然。

总之，我们应该换个角度审视观摩示范课，应该充分认识其在研讨、改革中的重要作用和积极意义。

学科探究

要想做好教育教学工作，教师既要具备驾驭课堂教学的能力和管理学生的能力，又要具备深厚、扎实的专业理论功底。这就要求教师要边实践边思考，从而促进个人专业成长，把教学过程变成知识、能力、道德和情感相统一的过程。

阅读要实现与文本的对话

近期，我参加了一次课堂教学研讨活动，观摩了三节阅读课，感触颇多。这三节阅读课的共同之处是，都安排了课本剧表演。执教者不厌其烦地组织学生表演，借表演来活跃课堂气氛，激发学生读书的兴趣。借助肢体语言解读文本，可以加深学生对文本的理解，促进其对文本感悟的生成，这种安排的初衷是好的。可是，为了活跃课堂气氛，便一直让学生表演课本剧，这是教师教学思想上的误区，是不符合阅读教学规律的。

如一位教师执教《三袋麦子》一课。首先让学生初读课文，解决生字词，扫除阅读障碍；接着让学生再读课文，了解课文内容，引导学生谈自己对课文的理解；最后花大量时间组织学生进行课本剧表演。在一轮又一轮的课本剧表演快结束时，坐在我身边的小男孩儿压低嗓门说："土地爷爷怎么都不说话？"听了孩子的话，我下意识地回顾了一下刚才的表演，土地爷爷的确是一言未发。土地爷爷到小猪家、小牛家、小猴家都没有说话，小猪、小牛、小猴也没有和土地爷爷打招呼。这说明什么呢？教师对阅读感悟环节处理得不到位，学生对文本的理解、感悟缺乏深度和广度，没有真正实现与文本对话，没有全面把握文本内涵。

语言文字训练，强调文本的原息刺激和原型感受。教师要把文本自身作为观察和认识的对象，尽可能去掉不必要的环节和一切干扰因素，带领学生走进文本、融入文本、感悟文本、诠释文本。也就是说，我们必须凭借文本并发挥文本的范例作用，以文助读，以读促悟，以读促思，以读促悟、内化文本，以读生成。在对学生进行语言文字训练的过程中，教师可以采用多种形式的辅助教学手段，但是朗读、默读、复述、背诵是任何辅助手段都替代不了的。指导学生熟读、品味课文是阅读教学的主流方向，是帮助学生内化文本语言，陶冶学生情操的重要途径。教师在组织、引导学生进行语言文字训练时，必须调动学生的能动性，让他们积极主动地参加训练，要使学生有阅读期待，同时保证学生自主学习的时间与空间，让学生对文本进行充分品读、咀嚼，进而达到语言的再创造。

语文学习的主体是学生。语文教学应该以激发学生学习语文兴趣为目的，注重培养学生自主学习的意识和习惯，尊重学生的个性及个体差异，为学生创设良好的自主学习情境，鼓励学生选择适合自己的学习方式，允许学生对文本中的思想内涵进行个性化解读。课本剧表演是促读、促悟、促进文本生成的教学辅助手段，但绝不是语文教学的终极目标。课堂教学中的表演，实际上就是口语交际活动的延伸，是对文本内容及生活情景的再现和创造，应力求做到以读为主、以演为辅。学生分角色演绎文本应建立在熟读、感悟、融进文本、全面把握文本的基础上，根据自己的体会为扮演的角色积极主动地设计动作，寻求合作伙伴，创造性地演绎文本的人物与情节。比如一个学生朗读"大海睡觉了……那轻轻的潮声啊，是他睡熟的鼾声"时，把语调变轻、语速放慢。老师问他为什么，他说"读得太重就把大海吵醒了"，能读出这样的感觉是多么难能可贵啊！由于每个人对文本的理解和感悟不同，老师切不可把自己对文本的理解强加给学生。

总之，深化对文本内涵的理解，达到阅读教学的目标，正确演绎文本中感人的情节、有趣的故事场景等，需要学生真正实现与文本的对话和对文本的二度创作。

提高语文实践活动有效性的策略

沟通课堂内外，充分利用学校、家庭和社区等教育资源，开展内容丰富、形式多样、寓教于乐的语文综合实践活动，积极引导学生走进自然，融入社会，体验生活，拓宽学习空间，增加语文实践机会，是培养学生语文综合能力的重要途径。那么，怎样才能提高语文综合实践活动的有效性呢？

一、活动主题要与学生的学习和生活实际相结合

语文综合实践活动主题与学生的学习和生活实际相结合，是提高语文综合实践活动有效性的基础。课堂教学受上课时间、教学内容等因素的限制，难以满足学生强烈的求知欲。学生对周围世界的认识，除了以学科的形式，还依赖于自然事物或社会现象。为此，我们开展的语文综合实践活动，作为课堂教学的继续和补充、扩展与延伸，不但可以解决学生求知的问题，还可以解决课堂学习与生活实际密切联系的问题。教师在设计活动主题时，要力求做到与学生的学习、生活实际有机结合起来，积极引导学生走进自然，融入社会，体验实际生活，为学生语文综合实践能力的培养提供有效载体，同时也要使课外拓展延伸活动成为课堂教学的有机组成部分。如教学《我爱故乡的杨梅》一文，为了扩大学生的认知面，让学生课下了解另一种江南水果——荔枝。教师在教学的时候，不仅涉及生物、地理、社会等方面的知识，还要运用语文、数学、美术等方面的知识。学习之后，学生由感性认识上升到理性认识，知其然更知其所以然。为了更好地结合语文教学，还可以适时开展"祖国名胜知多少""寻找英雄足迹，学英雄做好少年""我身边的环保""生活使我懂得了……""我是影视评论员""我来当小编辑"等系列课外拓展延伸活动。这些活动立足于课堂，融入社会，走进家庭生活，走进自然，主题鲜明，既考虑了学生实际参与的可能性，又能够满足学生需求的语文综合实践活动，特别受学生欢迎，有利于培养学生语文综合能力。

二、活动内容要与学生综合运用知识的能力相结合

语文综合实践的活动内容与学生综合运用知识的能力相结合，是提高语文综合实践活动有效性的关键。语文综合实践活动内容的设计是否科学，能否促进学生综合运用知识能力的提高，意义重大。因此，设计活动内容时，

要力求做到活动内容与学生综合运用知识的能力有机结合起来，以激发学生运用所学知识对身边的人、事、物和社会现象产生新的认识、新的思考，从而丰富自己的知识、发展自己的能力、升华自己的情感。如教学《桂林山水》一课，可以设计"祖国最令我自豪的是……"这一课外拓展延伸活动。学生可以结合自己已有的知识畅所欲言，讲述自己所了解的风景名胜、历史古迹、名人事迹、古代发明、现代科技成果等。有的学生还结合自己的生活实际、所见所闻，谈起了自己对载人航天飞船升空、蛟龙号潜艇探海、南极科考、超级计算机"天河二号"运行、北京举办奥运会等事件的认识。这样的语文综合实践活动使学生所学知识灵活地派上了用场，既深化了对已学知识的综合理解，又拓宽了视野，较好地促进了学生综合实践能力的提高。

三、活动过程要与学生综合实践能力的巩固提高相结合

语文综合实践活动过程与学生综合实践能力的巩固提高相结合，是提高语文综合实践活动有效性的保障。语文综合实践活动是学生把课堂上所学到的知识运用到实践中去的过程，也是学生综合实践能力得以发展、巩固、提高的过程。如果说学生在课堂上的学习侧重于"学方法"，语文综合实践活动则应侧重于"用方法"，巩固所学知识，扩大知识范围。教育学原理告诉我们，学生的学习既要注重结果，更要注重过程。语文综合实践活动作为学生课外拓展延伸学习活动的一种形式，也应该注重过程，而且这一过程一定要实，不能虚。如教学《参观人民大会堂》一课，为了加强学生对首都北京的了解，进一步激发学生的爱国情怀，可以设计"夸夸我们的首都北京"这一课外拓展延伸活动。学生可以上网调查，也可以咨询在北京工作和上学的亲戚朋友，还可以到图书馆查找相关资料。有条件的学生可以还利用节假日在父母的陪同下到北京游览名胜古迹，然后写出饱蘸感情的文章夸赞首都北京。除此之外，教师还可以引导学生绘制北京远景建设规划图，也可以制作图文并茂的小报等。这些活动有效地将语文综合实践活动过程与学生综合实践能力的巩固提高有机结合起来，既注重参与、

探索和体验，又让学生的主体体验及综合实践能力在活动过程中得到充分发挥，有效地培养了学生解决实际问题的综合能力。

突出学生主体地位，增强语文实践的实效性

传统的语文实践活动中，教师是主角，学生是配角。学生只能被动地接受知识。为了改变这种现状，凸显学生主体地位，充分发挥学生的主动性和能动性，提高语文实践活动的实效性则迫切起来。

一、认清活动主题，变学生被动学习为主动学习

语文实践活动的过程是学生主动探索、发现问题的过程。教师若想充分发挥学生的主体作用，可采取以下方法。

（一）主题讨论法

即确立一个语文实践活动主题，引导学生自主、合作、探究性地进行研讨、辩论。这样可以有效发挥学生的主体作用，能使其在研讨和辩论中产生碰撞和共鸣，既深化认识，形成鲜明印象，又拓展知识点，开发思维，从而促进语文综合能力的快速提升。

（二）情景设置法

即设置一个具体的语文实践活动，让学生在这个情景中扮演一定的角色，通过身临其境的体验，借助资料调动一切积极因素去思考问题、解决问题。这有利于提高学生的语文综合能力，并改变其被动接受的状况。

此外，还可以通过比较鉴别法、关注热点问题法、搜集资料法、社会调查法等，让学生积极参与语文教学实践活动，在参与的过程中增长知识、拓宽视野、提高活动效率。

二、优化教育形式，变说教为活动

语文实践活动不仅强调学生的主体性，而且让学生通过主动体验和积极探索，实现其作为主体的作用。如在语文实践活动中，开展各种类型的系列活动。

（一）比赛

通过组织各种形式的比赛，激发学生的学习兴趣，提高其参与意识。例如，可以开展改编课本剧比赛、课本剧表演比赛、古诗文诵读比赛、讲故事比赛、各种征文比赛、手抄报比赛、儿歌童谣朗诵比赛、成语接龙比赛等活动。

（二）社团

创办校园社团，组成各种兴趣小组，以陶冶学生情操、丰富教学内容。例如，可以组建文学社、手抄报兴趣小组、朗诵小组等。

（三）沙龙

举办各种形式的语文沙龙，让学生在民主平等的氛围中，表达自己的看法，讨论各种问题；让学生在知识的扩充、思想的碰撞中，拓宽视野，明辨是非，求同存异，发展思维，增加人文底蕴，积淀语文素养，形成综合能力。

（四）调查

组织学生走向社会、走进大自然，开展社会调查；引导学生关心学校、本地区和国内外大事，并就共同关注的热点问题，搜集资料、调查访问、相互讨论，用文字、图表、照片等形式展示学习成果。学生在接触社会、了解大自然的过程中，更加关注社会的发展和人类的生存环境，从而获取更多的信息，在拓展课内知识的同时，不断丰富自己的知识，形成综合能力。

三、开拓活动阵地，变封闭为开放

（一）开发传统语文实践活动基地

如利用图书馆、阅览室、广播站、宣传栏、学习成果展示台、电影院、剧院以及报纸杂志等，将学生课内外知识进行有机结合、延伸、拓展。再如，可以带领学生参观大战纪念馆、科技馆、名人宗庙等，既能拓宽学生视野，又能提高学生的审美能力，有助于培养其良好的道德品质。

（二）利用社会实践基地

组织学生走进工厂、矿区、车间、码头、机关、社团或深入农村田间地头、山林农场、牛棚猪舍、果园大棚，面向社会，融入大自然，在社会实践中接受新知识、学习新技能、了解新气象，接受锻炼和洗礼。

依凭想象，感悟文本

小学生的想象空间是无限的，想象力是无穷的。"下雪了！瞧，遍地都是棉花。""雪化了，变成了春天。""月亮是天的眼睛，每个月都要圆圆地睁大一次。"……这些美妙而富于诗意的表达，让人读后产生神奇的想象。想象能使学生触摸到语言的温度，感受语言的魅力，透过文字体悟其背后藏着的情思，从而写出自己独特的感受和体验。作为教师，我们应为小学语文阅读教学插上想象的翅膀，积极引领学生读进去，想开来，深度感悟文本。

一、音乐渲染，放飞想象

配乐朗读，能有效激活学生的思维、诱发学生的想象、激发学生的情感因素，进而使其深刻领悟文章内涵。如执教《望月》一课时，需要朗读第十八小节"小外甥"的话，教师适时播放《月光曲》第一乐章，引领学生随音乐吟诵。读后，教师引导学生谈一谈脑海中出现的景色：有的说看到了深邃的夜空，有的说看到了天的眼睛，有的说看到了调皮的月亮，有的说看到了富于幻想、活泼、可爱的小外甥……

二、古诗配画，触发想象

给古诗配画，引导学生体悟诗情画意，是古诗教学的重要方法之一。如教学古文《游子吟》时，教师让学生画出慈祥的老母亲挑灯为临行的儿子缝补衣服的画面，激发学生的想象力，将诗词中一个个文字转化成可视的图画。学生在描绘诗词所展现的胜境佳景时，自然而然地感受到字里行间的美妙，领悟出诗人对母亲的感激之情，从而产生不吟不快之感。继而，顺势引导学生用《水调歌头》的曲调吟咏《游子吟》，用歌声唱响诗情，让想象在歌声中升腾。在诗配画和吟咏的过程中，学生根据诗的内容和意境，将景色描绘出来，再用不同的调子吟咏，情感升华水到渠成。

三、巧用留白，诱发想象

留白处指的是作者在写作过程中对文中的某些情节想交代又没有交代的部分。教师巧用语言文字的艺术留白巧设问题，启发学生对言犹未尽的语段进行想象。《望月》一文四处运用了省略号——留白。这四处留白就像一根无形的线，将文章串联起来，每一处都是言已尽而意无穷。在教学中，紧扣"留白"展开教学，诱发学生去想象，在想象中体验月之美，感受月之诗，走进月之境，读出月之情。如教学第一处留白时，引导学生细读第一节感受"我"眼中柔美的、宁静的、安详的、皎洁的月亮……这时启发学生思考：此处作者为什么要用省略号？学生自由朗读后，迫不及待地说出自己的感悟：还有许多美景没有一一列举出来……作者完全陶醉于月夜的美景之中了，等等。这时，让学生带着自己的感受来品读文章，韵味十足。好文不厌百回读，抓住留白处，在想象中读，在读中想象，越品越有味，越读越有情。

四、角色扮演，丰富想象

根据文本内容，把小品、相声、游戏等艺术形式引入课堂，让学生充分进行角色扮演，增加体验，丰富想象，能够大大增强阅读教学的效果。特级教师窦桂梅在执教《落叶》一课时，让学生扮演一群可爱的小动物，当一片叶子落下来时，"有的爬，有的游，有的飞，有的坐，有的躲……"学生按照老师的口令做着不同的动作，趣味盎然。最精彩的是最后一个动作"躲"。老师说躲藏的"躲"，学生都钻到桌子底下藏了起来；躲开的"躲"，学生都闪到了一边。在表演中，学生对爬、游、飞、坐、躲有了深刻理解，对文本的感悟渐进佳境。这时，窦老师说：开心吗？快乐吗？幸福吗？那就把这些感受送到句子里去，用你的声音表达出来，能做到吗？学生们情绪高涨，开始深情地朗读课文。因此阅读教学中，教师要多为学生设计角色进行表演的机会，激发学生的想象潜能，读得进，悟得出。

总之，教师要立足文本实际采取灵活的教学方式，为小学语文阅读教学插上想象的翅膀，千方百计引领学生读进去，想开来，积极建构知识体系，让学生获得独特的感受、体验，进而理解文本，让阅读真正成为学生的个性化行为。

小学语文阅读教学应关注学生的情感体验

情感教育是小学语文阅读教学的重要组成部分，教师应紧紧以情感教育为抓手开展小学语文阅读教学，把语文阅读教学过程变成知识、能力、道德和情感统一的过程，努力促进学生获取知识、提高能力。基于此，教师在执教时需要把握以下几点。

一、正确把握文本情感基调

在小学语文阅读教学过程中，教师要认真钻研教材，深入挖掘教材中内含的情和理，正确把握文本的主旨和情感基调，对学生动之以情、晓之以理，用情感染学生、用理启迪学生，做到传授知识的同时，净化学生的心灵、陶冶学生的情操。例如《轮椅上的霍金》一文，讲的是被称为"宇宙之王"

的著名科学家史蒂芬·霍金在完全瘫痪、长期禁锢在轮椅上的情况下，面对常人难以想象的艰难，孜孜不倦地探索宇宙的未知世界，勇敢顽强地挑战命运，为科学事业作出重要贡献的感人事迹。在执教《轮椅上的霍金》一课时，教师引导学生反复朗读课文，深入理解文本内容，透过文字去感悟霍金不仅是一位非凡的科学家，更是一位生活的强者。拓展延伸环节，可以向学生提出这样一个问题：如果霍金和我们正常人相比，会有什么感受？学生动情地表达自己的看法。通过对比，学生被霍金不断求索的科学精神及其勇敢顽强的伟大人格所感染，立志发奋学习，成为社会有用之才。

二、准确把握文章的动情点

作者缀文动情，学生读文动情，这就决定了教师在阅读中必须架起一架沟通作者情感与学生情感的桥梁。作者的情感是否能被学生感知，进而得到自我体验，这就要求教师准确地把握文章的动情点，及时地把作者的感情传导给学生，让学生高层次地体会作者笔下的形象。如《白杨》这篇借大戈壁白杨喻人的文章，其动情点是白杨树的高大挺秀。在大戈壁风沙雨雪的压迫下，仍然保持旺盛生命力的白杨"这么笔直，这么高大"，让作者看到了白杨"正直、朴实、伟岸"的品格；"生根、发芽，长出粗壮的枝干"，又让作者看到了建设者们哪儿艰苦哪儿安家的积极乐观的精神。大戈壁滩上"没有山""没有水""没有人烟"，满目荒凉，而就在这样的环境中作者见到了白杨高大挺秀的身影。作者以"出神"唤起人们的思索，正是这一行行的白杨唤起了人们对生活的向往，使人们精神为之一振。正是这普通而又平凡的白杨，唤起了人们对大戈壁的无尽的遐想。至此，作者为什么要赞美白杨的感情跃然纸上，正是这种感受引起了作者情感上的爆发，深深埋藏着作者对扎根边疆、建设边疆的人们的无限崇敬之情。文章的动情点抓住了，学生就水到渠成地把握住了文章的内涵和文本所表达的思想感情。

三、激发学生获取情感体验的欲望

苏联教育家苏霍姆林斯基说："课上得有趣，学生就可以带着一种高涨的波动的情绪从事学习和思考。"教师在教学过程中，只有把课上得生动有趣，才能激发学生的求知欲，并获得良好的情感体验，达到与文本对话、与作者对话的目的。优秀的教育家能获得教学的成功，靠的就是用出神入化的情感感染学生，激发学生的求知欲望，使学生获得良好的心理情感体验。因此，在教学过程中，教师要激发学生的求知欲望，让每个学生都获得良好的心理情感体验，以饱满的热情参与到课堂教学活动中，真正成为学习的主体。这样的课堂教学才会有实效性。如执教《爱之链》一课时，教师可以设计这样的导语：同学们，"爱"，是一个温馨的字眼，有亲情的爱，有友情的爱，在那飘雪的夜晚，爱就是一股驱走寒冷的暖流，就是一种克服困难的力量。请大家读读《爱之链》，体会这是一种怎样的爱？学生会立即产生阅读的欲望，进入文本的情境，与文本对话，与作者对话，领会文章所表达的思想感情，感受爱、体验爱，获得美的享受。

四、用情感激发学生活跃思维

孔子云："知之者，不如好之者；好知者，不如乐知者。"这说明兴趣是最好的老师。教学过程中，教师要用自己浓烈的情感感染学生，激发他们的好奇心，活跃他们的思维，让他们对文本产生浓厚的兴趣和特定的情感。这种兴趣和情感就能引导学生自觉探究作者的写作目的，从而深入地解读文本。如教学《一本男孩必读的书》一文后，教师可以启发学生：同学们，说出自己读完《鲁滨孙漂流记》看法。爷爷觉得它是"男孩必读的书"；爸爸希望吴缅读了它"学会生存"；吴缅自己最喜欢书中"害怕危险的心理比危险本身可怕一万倍"这句名言。你们读《鲁滨孙漂流记》有怎样的感受呢？老师期待在下周的班级读书会上听到大家精彩的发言。

五、创设情境启发学生升华情感体验

情感教育是一种艺术。学生的情感特别容易受教师情感影响，也容易被文本中具体的人物形象和故事情节所感染。教师要积极地去创设情景，影响、启发学生，激发他们的感情，增强他们的学习热情；可以运用图画、摄影、幻灯片、音乐、语言描绘和动作演示等方式，营造与渲染气氛，调动学生感觉器官和思维器官，引导学生进入情境之中，产生身临其境之感，让学生在情感的氛围中产生情感体验，进而发展认识，陶冶心灵，为动情到晓理打下情感基础。如执教《十里长街送总理》课时，教师可以在教室里营造一种气氛：摆上佩上黑纱的周总理遗像，在讲台一角摆放两盆郁郁葱葱的万年青……教室里庄严肃穆，教师在哀乐声中用深沉的语调讲述周总理生平事迹。这一切把对周总理沉痛哀悼之情和悲哀的氛围渲染得淋漓尽致，让学生对周总理的崇敬、爱戴之情油然而生。学生在情感的体验中加深了对课文的理解，由动情到晓理，不知不觉中情感得到了升华。

总之，教师应紧紧以情感教育为抓手开展小学语文阅读教学，将情感教育贯穿阅读教学始终，培养学生的阅读热情和兴趣，激发其求知欲，引领他们以主动、积极的情感体验来学习语文，使他们受到美的情感熏陶，进而不断提高语文素养。

优化学习方式，提高语文学习能力

《语文课程标准》指出：自主、合作、探究是学习语文的重要方式。在教学实践中，教师应充分整合教育资源，提倡自主、合作、探究的学习方式，调控师生关系，让师生、生生多边互动，营造多元互动的学习氛围，建构充满情感交流的课堂，使学习成为一个富有个性化的过程，使学生的主体意识、能动性和创造性不断发展，从而达到提高学生语文学习能力的目的。

一、改变被动的学习方式，培养学生自主学习的能力

教育家陶行知说："先生的责任不在于教，而是教学生学。"学生是学习的主体。教师应践行新课程理念，改变让学生跟在教师后面亦步亦趋的习惯，引导学生自主学习，让他们成为真正意义上学习的主人。课堂教学中，学生自主学习能力的培养可从以下几个方面着手。

（一）启发学生提出有价值的问题

应当让学生成为学习的主体，给他们留有思考和选择的机会，引导他们提出有价值的问题，确定学习的目标。比如在教学《我爱故乡的杨梅》一课时，教师板书完课题后可以向学生提出问题：通过题目你知道了什么？还想知道什么？引导学生提出有价值的问题。有的学生想知道杨梅是什么样子的，有的学生想知道杨梅的味道如何，有的学生想知道"我"为什么爱故乡的杨梅，有的学生想知道文章表达了作者怎样的感情……这时教师从学生想知道的问题中梳理出关键问题重点解答。这种让学生提出自己想要解决问题的做法，能充分让学生根据自己的实际情况提出适合自己的目标，真正体现新课程倡导的"让不同的人得到不同的发展"这一重要理念。

（二）让学生自主选择学习方法

学生的认知风格不同，其学习习惯与方式就存在差别。有的学生喜欢独立思考，有的学生喜欢与人交流，有的学生喜欢按部就班，有的学生喜欢独树一帜……每个学生都有自己偏爱的、稳定的学习方式和习惯。教师不要强求一致，应允许学生选择自己喜欢的学习方式和解决问题的方式。如上面提到的《我爱故乡的杨梅》一课的学习。在学习过程中，有的学生喜欢认真阅读文本理解课文内容，有的学生喜欢向老师请教不明白的问题，有的学生愿意与同学交流、探讨，还有的学生喜欢到网上查找资料进一步了解课文内容……教师应允许学生按照自己的方法进行探索，应让学生知道选择哪种方法不是课本说了算，也不是老师说了算，而是自己说了算，让其获得自主探究的成功体验。这种做法既为每个学生提供了自由选择学习方法的空间，尊重了学生的认知风格和学习方式，又有利于培养学生自

主探究的意识。

（三）给学生充分的自主学习的时间

苏霍姆林斯基说："自由支配的时间是学生个性发展的必要条件。"这里所说的"自由支配的时间"，其实就是自主学习的时间。一名教师对时间的分配，直接反映了这个教师的教学观。培养学生的自主学习能力，需要学生有充分的自主学习的时间，否则就是一句空话。有位教师在教学《挑山工》一文时，一开始便利用20分钟的时间，让学生通过范读、自由读、个别读等形式来整体感知文章、把握文章叙述重点。当教师发现有几个学生还没有完成任务时，便延长了5分钟，让他们继续阅读文本，直至每个人分别有了自己的见解，然后又用10分钟让学生展示自己的独特感悟，并分别给予评价。由于给学生提供了充分阅读的时间，学生对文本有了深刻感悟和理解，阅读效果出奇得好。

（四）做好学习结果的反馈

传统教学中，对教学内容的回顾是一大环节，而这个环节大多数是由老师来做的。其实这种总结不应该只是教师简单地复述一节课的主要内容，而应该成为学生一种极好的自我反思的机会。

二、改变个体学习方式，培养学生合作学习的能力

新课程改革之前，教学活动中缺少教师和学生、学生和学生间的自主合作与交流。学生合作精神欠缺，交流少，其学习效果不言而喻。新课程提倡的合作学习方式，具有极强的针对性，能让学生在独立探索的基础上互相沟通，展示自己的思考方法与过程，使自己的见解更加丰富和全面。同时，在合作、民主互动的和谐氛围中学习，利于学生创新思维和实践能力的培养。

合作学习宜采用异质分组的原则，也就是将男生和女生、本学科学得较好的和有一定困难的、性格内向的和性格外向的学生分到一起，形成一种互补。每个小组一般以四至六人为宜。教师要定期对小组进行调整，以便让学生有更多的交往空间。合作交流学习方式应在以下方面下功夫。

（一）合理分组，规范操作

合作交流时，小组中只有两种角色，一种是学习的操作者，一种是学习的检查者，这两种角色由小组成员轮流担任。当一个成员想与其他成员交流自己的理解、感悟时，其他成员要对其发言给予中肯的评价。当全班交流时，只有中心发言人，没有小组长。中心发言人由组内成员轮流担任，代表的是小组而不是个人。师生对中心发言人的评价不是对其个人的评价，而是对这个小组的评价。要给中心发言人留出足够的时间，确保每个学生在小组中都能充分发言。

（二）明确任务，有的放矢

开展合作学习之前，首先要选择合作学习的内容、明确合作学习的目标和任务，要让学生选择那些具有一定挑战性、开放性、探索性的问题进行合作学习。如执教《钓鱼的启示》一课时，先让学生充分阅读文本，从整体上把握文章的主旨，让学生明白面对道德抉择时应该怎么办；然后组织学生合作、探究、交流，理解课文内容，认识内省、自律、慎独的重要性，获得道德实践的勇气和力量。

（三）整合形式，务求实效

合作学习在实施过程中，要与其他学习形式进行整合，以期求得最佳效果。如《钓鱼的启示》一课的教学，要围绕"理解文本，感悟内省、自律的重要性，领会从小受到严格的教育，就会获得道德实践的勇气和力量的道理"这一教学重点展开。教师先让学生自己学习，独立思考，整体感知；然后让他们开展合作学习，深入探究，加强交流，加深感悟。这个过程非常重要。独立思考是交流的前提，没有独立思考，就无法形成自己的思考与认识。深入探究是思维碰撞、突破疑难点的必要过程。教师要给学生留出一定的、独立思考和深入探究的时间，还要让学生根据自己的思考，及时调整、梳理自己的思路，从心理上做好与他人交流的准备。

（四）相互碰撞，整合资源

合作学习最终要让各小组在全班进行交流。学生交流的不仅仅是知识层面的，还包括方法与过程层面的、情感态度与价值观层面的。同时，教师要提醒学生注意倾听他人的发言，并记录下自己没想到的问题，加强反思，取长补短。这种交流能够达到更大范围的整合资源。

（五）教师跟进，适时点拨

在学生合作学习的过程中，教师不是旁观者，更不是局外人，应该是组织者、合作者、引导者。教师要认真观察和了解每个小组的活动情况，发现学生不能认真参与交流、做与合作学习无关的事情，或个别小组交流不认真时，要及时指出并提出明确的要求，确保合作学习能够顺利开展。交流的过程是学生间思维碰撞的过程，时常会有思维的火花闪现。教师要在倾听中努力去感受和寻找，及时加以肯定和表扬。合作学习过程中，时常会出现学生因为思维受阻而不能深入的情况。这时就需要教师及时地点拨，帮助学生排除障碍。同时，小组交流和讨论往往会出现交流和讨论浅层次、表面化的问题，这时教师必须适时给予引导和点拨。

三、改变机械的学习方式，培养学生探究实践的能力

探究既是一种学习方式，也是一种学习过程。问题性、实践性、参与性和开放性是探究学习的本质特征。探究的主题既可以是学科领域的，也可以是社会生活中，由学生自主、独立地发现。而经历探究过程，获得深层次的情感体验、建构知识体系、掌握解决问题的方法，从而培养探究实践的能力，是语文教学的终极目标。鉴于此，教师要改变学生以往机械、呆板的学习方式，构建新的多元学习方式，营造主动探究的浓厚氛围，培养学生主动参与探究的兴趣，教给他们主动探究的方法。必要的时候，要给予示范，尽最大努力为学生创造主动探究的条件，引导学生采取各种方式方法去探究，灵活多变地解决问题，有效地落实重点，突破难点，进而获取新知，形成新的能力。

总之，各种学习方式都不是孤立的，而是相互影响、相互渗透的。教学过程中，教师要依据教学目标和学生的实际情况来组织教学，有机整合

教育资源，改进教学方法和手段，进而提高语文课堂教学质量，培养学生的语文学习能力。

小学语文教学中学生创造能力培养遮谈

如何在小学语文教学中培养学生的创造能力呢？现结合教学实践谈几点体会。

一、放手读书，感悟内涵，培养创造力

教师是指挥棒，一旦学生被牵着鼻子走，其思维的深度与广度就会受限，创造的火花就无法被激发出来。语文教学时，教师应该发挥学生的主动性，放手让学生去读，在读中学习新知，在读中感悟道理，在读中发展思维。一个知识贫乏、语感差的学生能有什么创造力呢？比如，在教学《卢沟桥的狮子》一文时，先让学生通读全文，了解这篇课文着重讲了什么内容。接下来，让学生细读全文，并分组展开讨论，弄清课文是如何围绕卢沟桥的狮子介绍了哪些方面的内容。然后学生精读第二、三自然段，了解狮子的大小不一、形态各异。最后，让学生模仿狮子的各种姿态。学生情绪高涨，他们不仅模仿了文中介绍的几种狮子的姿态，还创造性地摆出了几十种姿态。在读中悟的过程中，学生创造力得到了培养。

二、深挖细嚼，激发想象，培养创造力

小学语文教材节选的文章文质兼美，字字句句皆含情。学生读后会产生言尽意未尽的感觉。教学时，教师要紧紧抓住教材的可视内容，调动学生思维，让其体会文本的意蕴，深挖细嚼，继而展开大胆的想象，推测可能产生的结局，从而培养学生的创造力。比如，学习《卖火柴的小女孩》

一课之后，让学生说说卖火柴的小女孩生活在现在会是什么样子。学生结合课文和现实生活，展开丰富的想象，说出一个天真活泼、漂亮可爱、生活幸福、时刻享受大家庭关爱的儿童形象。再如，学了《穷人》一课，让学生续编故事《两个孩子来到桑娜家以后》。有的学生从生活困难方面续编，有的学生从两个孩子非常懂事方面续编，有的学生从桑娜夫妇无微不至地关心照顾两个孩子方面续编，有的学生从桑娜的孩子欺负这两个孩子方面续编……这样，学生的创造性思维便得到了发展。

三、拓展延伸，实践感悟，培养创造力

有意识地把学习延伸到课外，增加学生创造性学习与实践的机会，是培养学生创造力的另一条有效途径。比如，教学《燕子》一课时，组织学生开展"找春天"的活动，引导并鼓励学生到大自然中去观察，从草木的变化中寻找春天的气息，感受大自然的无穷魅力，写成说明文。再如，学习《记金华的双龙洞》一课时，带领学生调查、访问，了解本地区的风景名胜和历史古迹及其各自的特点，然后整理所得，写成简单的调查报告。学生做到课内与课外相结合，既增长了知识，又发展了语文能力，不但培养了热爱生活的感情和主人翁意识，还发展了创造力。

总之，只要教师时刻具有增强培养学生创造能力的意识，并采取切实可行的措施，学生的创新意识就一定会被激活，其创造性思维一定会得到发展，创造能力也一定会形成。

要还阅读教学本色

在阅读教学中，有些教师往往忽略学生个性差异，而用统一的标准要求、用规范化的成人话语去修正学生的童言稚语。这一做法是严重违背语文阅

读教学规律的。事实上，每一个学生都有其独特性，他们阅读同一文本会有的不同感悟、理解和诠释。我们都知道"一千个读者，就有一千个哈姆雷特"的道理。那么，不同的学生在阅读同一文本时，应该"别有一番滋味在心头"。

如阅读《瀑布》一文中"时时来一阵风，把它吹得如烟、如雾、如尘"时，教师能像作者一样看得意境深邃，学生却未必。因为他们没有教师那样的生活经历与情感体验。当然，每个学生对诗句的理解和对瀑布的认识及感受也是有差异的。

《语文课程标准》明确指出：阅读是学生的个性化行为，不应以教师的分析来代替学生的阅读实践，应让学生在主动积极的思维和情感活动中，加深理解和体验，有所感悟和思考，从而获得思想启迪，享受审美乐趣。因此，教师要珍视学生独特的感受、体验和理解，逐步培养学生探究性阅读和创造性阅读的能力，提倡多角度的、有创意的阅读，利用阅读期待、阅读反思和批判等环节，拓展思维空间，提高阅读质量。

"量力而行则不竭，量智而谋则不困。"教师是学生学习活动的组织者、引导者和合作者，应该承认和尊重学生对文本感悟、理解和诠释的差异；还应该贴近学生生活，鼓励学生在读中悟出自己的见解。这样以读促解，以读悟法，以读动情，有助于学生进入"得意者越乎语言，悟理者超于文字"的境界，真正还阅读教学本色。

深挖习作素材，体现农村特色

受地域、经济条件和城乡二元结构的影响，农村学生的生活条件和学习环境相对落后，获取知识和信息的途径相对单一，这使得其可挖掘积累的写作素材相对贫乏，表现为习作上主题不突出、内容空洞、语言贫乏。鉴于此，教师应立足实际，着眼区域特色，积极引导学生因地制宜地挖掘、积累写作素材，尽量丰富其写作素材。

一、关注活动过程，捕捉采撷童真童趣

玩耍嬉戏是儿童生活中不可或缺的部分。学生在玩耍中享受童年的欢乐，在嬉戏中增长见识。广袤的田野、连绵的群山、清澈的河流、静谧的树林，为农村学生提供了玩耍嬉戏、释放童真童趣的广阔舞台。春天折柳枝编草帽、做柳笛，到田野放风筝、踏青；夏天去河里游泳、捉鱼、逮螃蟹，到树上捉知了、捕螳螂，到田野捕蝴蝶，到山上地堰捉蝎子；秋天到田野里捉蛐蛐，到山上摘松子、摘山枣、打山鸡；冬天去河里滑冰，到田野里堆雪人、打雪仗。教师应该关注周围的一切资源，和学生一起参与各种活动，指导他们关注活动过程，了解人物在活动中的表现。在享受活动带来的快乐的同时，捕捉采撷童真童趣记录在本上，保存下来。

二、留心农村景观，详察山川万物风貌

地处山区的农村有其独特的人文景观和自然景观。古老的村落，潺潺的泉水、清澈的小溪、低矮的小丘、气势雄伟的高山、郁郁葱葱的树木、诱人的山珍野果等，都是农村学生写作的素材。教师应该按照学生的年龄特点和认知规律，有计划、有步骤、分阶段、分层次地带领他们观察，广泛积累写作素材。

三、关注劳动实践，感悟生产生活真谛

人类文明是从劳动开始的。教师要积极鼓励学生参与劳动实践，培养他们热爱劳动的良好品质，引导他们观察热闹非凡的劳动场景，对不同场景中的人物进行描写。如农民挥汗如雨地深耕细作，除草施肥、播种浇水等，这些都是取之不尽、用之不竭的写作源泉。教师要积极创造条件让学生去参与、去体验、去关注，让他们在火热的劳动场景中感悟生产生活的真谛，积累写作素材。

四、探究乡土文化，汲取乡土文明精华

中国地域广阔，乡土文化源远流长，博大精深。教师应该发挥乡土文化优势，让学生了解乡土文化、感受乡土气息、汲取乡土文明精华，积淀写作素材。

第一，探究农村的风俗习惯和节日习俗。比如：春节，吃饺子、贴对联、放鞭炮、守岁、拜年；元宵节，吃元宵、挂红灯、舞狮子、跑旱船、踩高跷、看灯会、逛庙会；阴历二月初二，炒豆子、围仓囤；清明节，扫墓、插柳；阴历三月初三，赶庙会、祈福求祥；端午节，吃粽子、煮鸡蛋、划龙舟；阴历六月初一，过"小年"吃菜包、喝面叶；阴历七月初七，到葡萄架下听牛郎织女诉说衷情；八月十五中秋节，吃月饼、赏月；九九重阳节，门上插艾草、身插茱萸去登高；腊月二十三，吃年糕；等等。教师可以创设情境，让学生做节日活动的主人，以多种形式全方位地参与，了解风俗习惯、节日习俗的由来、活动过程及其代表人们怎样的愿望、寄托人们怎样的感情等。学生在浓郁的节日气氛和风俗习惯的熏染中体验生活的甜美和品味民族文化的博大精深。

第二，探究民间文学。民间故事、民歌、民谣等民间文学，通俗易懂，寓意深刻。教师应结合教学实际适时向学生介绍当地民间文学，鼓励他们利用课余时间向年长者请教，搜集民间故事、民歌、民谣等汲取文学素养，为写作奠定基础。

第三，探究村史。有的村庄有其历史演变过程。教师要引导学生通过调查采访、查找地方志、向年长者请教、寻查碑刻等形式，探寻村庄的起源、发生过哪些历史大事、涌现出哪些名人等。这既能增加学生的文化底蕴，又能增强学生对家乡、对农村的热爱之情。

景物描写有技巧

小学教材选编了许多写景、状物的文章，其写作手法各具特色，为学生写好此类文章提供了范例。下面结合小学语文教材简要介绍一下景物描写的技巧。

一、突出特点

任何景物都有自己独有的、不同一般的特征，突出景物的特点是写好景物的关键。如《趵突泉》一文，作者介绍趵突泉时，先写大泉不断喷涌、翻滚，不知疲倦的壮丽、阳刚之美；接着写小泉，有的像大鱼吐水，有的像一串明珠，有的像一朵穿得很整齐的珠花。通过写大、小泉不同的特点，反映趵突泉的美丽景色和大自然的鬼斧神工。

二、条理清楚

介绍的景物要想让别人读后清楚明白，就必须做到条理清楚。也就是说，要按照一定的顺序介绍景物，在结构安排上，或承接式，或总分式，或并列式，或因果式，等等。在叙述时，或按照时间的先后，或按照空间变换等顺序来介绍。如《富饶的西沙群岛》一文，作者按照"总起——分述——总收"的结构形式，把文章分为三个部分来叙述。其中，分述部分是文章的主体，作者围绕"美丽富饶"这个中心，按照从上到下的顺序介绍了海面和海底，按照从外到里的顺序介绍了沙滩和海岛。读后清晰明了，读者从中感受到了西沙群岛的物产丰富和美丽可爱。

三、展开联想

联想能够为我们插上放飞思维的翅膀，是丰富写作素材的有效途径。描写景物，要在细致观察、抓住景物特点的基础上，找到事物之间的联系，积极展开联想，丰富写作素材，深化主题。如《林海》一文，作者从眼前的"千山一碧，万古长青"联想到"广厦、良材"，把大兴安岭的美丽、富饶与祖国的社会主义建设联系起来，表达了作者对大兴安岭的喜爱之情。作者从伐木场的工人一边伐木取材一边造林护树，联想到山与人的关系如此密切，深切感受到了兴安岭"的确含有兴国安邦的意义了"，深化了文章的主题。

四、形象生动

描写景物，要力求形象生动，给人鲜明活泼、妙趣横生之感。因此，必须细致观察景物，抓住其特点，运用描形、摹声、绘色等修辞手法，并用准确生动的语言表达出来。如《观潮》一文中写道："那条白线很快地向我们移来，逐渐拉长，变粗，横贯江面。再近些，只见白浪翻滚，形成一道两丈多高的白色城墙。浪潮越来越近，犹如千万匹白色战马齐头并进，浩浩荡荡地飞奔而来；那声音如同山崩地裂，好像大地都被震得颤动起来。"这段话运用了比喻、夸张等修辞手法，用短短三句话就形象生动地把钱塘江大潮到来时气势磅礴的壮观景象一览无余地展现在我们眼前，给读者以身临其境之感。

五、融入感情

描写景物时，作者要融入感情，情景交融，和谐统一，才能给人们留下鲜明的印象。如《珍珠泉》一文，作者对珍珠泉进行介绍后，有感而发"多像一串串彩色的珍珠啊！""这就是美丽的珍珠泉，这就是我们村的珍珠泉！"文章写的是珍珠泉，但字里行间却流露出作者对大自然的赞美和对家乡的热爱之情。

因景抒情，情景交融

人们总是怀着某种特有的感情去观察景物和描写景物。在好的文章里，纯客观的景物描写是不存在的。有时，描写景物采用抒情的写法，这样写出来的文章，情景交融，和谐统一，能给人们留下鲜明的印象。如果写得不好，情景分离，就会给人以生拼硬凑的感觉。

有一篇习作这样写道：我背着书包向学校走去，远远地看到了高高的围墙、飘扬的红旗，两扇大门好像张开了手臂在欢迎我，仿佛在说："你早呀！"走进校园，只见花园里各种各样的鲜花盛开，芬芳扑鼻，令人陶醉。这时，传来一阵琅琅的读书声，多么悦耳呀！可是，我的心情却是沉重的，因为，我昨天没有按时完成作业，光荣榜上的小红旗被老师摘去了一面。

校园是美丽的，人的心情却是沉重的，因为老惦记着"光荣榜上的小红旗被老师摘去了一面"。有这样的心情，怎么会欣赏校园的美景呢？这段文字，抒发的感情与描写的景物互相矛盾，这样写景就不恰当。

我们学习的课文中，情景交融、抒写自然的文章很多。如《大海的歌》一文，情与景就结合得非常好。"太阳升高了，阳光在海波上闪烁着点点金光。我走向船头，迎着猛烈的海风，望着无边无际的大海。船头飞溅起来的浪花，唱着欢乐的歌。"文章描写的是作者看到海港里的繁荣景象和大海上的美景，用"船头飞溅起来的浪花，唱着欢乐的歌"，抒发的却是内心的喜悦之情。

作者把客观景物同内心感受交织起来写，使描写和抒情结合得很自然。

总之，写景不但要抓住景物的特点，写得具体形象，使人有身临其境的感觉，而且要在写景的同时反映出此时此地的独特感受。不论是欢乐还是悲伤，是愤怒还是激动，眼中所见和心中所感的应该是一致的。因为，景物描写只有渗透作者自己的感情，才能拨动读者的心弦，唤起相应的情绪。至于在写法上，可以先写景后抒情；也可以在写景中展开想象，直接插入抒发感情的语句。不管选哪一种写法，都应当记住，写景是抒情的基础，而抒情也往往借助景物描写，这就叫"因景抒情、情景交融"。

德育纵横

　　教师要牢固树立社会主义核心价值观，遵循社会主义核心价值观指导下的师德要求，要有自己的价值追求和职业理想，以德施教，以德育人；要切实增强"立德树人"的理念，把学生培养成德智体美劳全面发展的社会主义建设者和接班人。

提高德育实效，需要增强"五力"

中小学生没有真正形成正确的人生观、价值观和世界观，具有极强的可塑性。因此，对他们实施道德教育至关重要。教育工作者要切实做到增强以下"五力"，充分挖掘并运用各种道德教育资源对学生全方位实施德育渗透，不断提高德育实效。

一、增强教师队伍的示范力

教师的人格魅力对学生的影响是显而易见的。古有"其身正，不令而行；其身不正，虽令不从"，今有"喊破嗓子不如做出样子"之说。学生拥戴的是"说一千道一万，不如做出样子看"的教师，而对言行不一者，会产生强烈的逆反心理并加以抵制。因此，广大教育工作者必须发挥榜样示范作用，以自己良好的品行和高尚的人格魅力影响学生、感召学生，赢得学生的信任和尊重。

二、增强校园文化的渗透力

"近朱者赤，近墨者黑。"一个学校的校园文化建设，对于其道德教育效能的发挥起着至关重要的作用。采取有效措施，从各方面优化育人环境，构建健康和谐的校园文化，营造良好校风是十分必要的。经过精心设计布置的校园环境，会对学生产生一定的激励督导作用。如校园文化墙上的校风校训，时刻告诉学生学校倡导什么、反对什么。整洁的花坛、高雅的雕塑能激发学生的美好联想，陶冶学生的情操。因此，学校要在校园文化建设上集思广益，利用校园文化建设来熏陶、引领学生，丰富学生的人文知识，增强学生的道德意识，从而建构全面的德育体系。

三、增强宣传媒体的牵引力

学校要利用好宣传媒体。一方面，要从学生的年龄、心理特点和认知规律出发，办好、用好校园宣传阵地，即充分发挥校报、红领巾广播站、红领巾电视台、宣传栏、展窗等校园宣传媒体应有的舆论牵引作用，寓教于乐，对学生的思想、情感和行为的发展进行牵引，从而对学生的言行起到"软约束"作用。另一方面，发挥社会新闻媒体的牵引作用，引导学生以收听广播、看电视、看各种报纸杂志等方式来了解国际国内新闻、重大活动和英模、先进人物的事迹等，使其从中受到教育和启迪。

四、增强班校集体的影响力

学生大多数时间在学校里生活，个体和集体之间有着千丝万缕的联系，个人意识和群体意识相互依赖，处在不断转化之中。在群体中，学生会把自己在群体中的地位和群体对自己的评价作为衡量自己的标准，这就无形中教育、规范、鼓励了自己的积极行为。学生希望群体喜欢他、接受他，为了追求内心的平衡和获得众人的认可，他们总是自觉不自觉地向约定俗成的群体风气靠拢。实践证明，良好的班集体对学生良好品德的形成有巨大的影响。教育工作者应积极发挥群体激励效应，通过整合群体良好风气营造一种活泼和谐、健康向上、锐意进取、团结互助的班集体和校集体，把每个学生引入"互教""互育"的教育网络中，使他们自觉主动地接受教育，进而提高道德修养。

五、增强实践活动的促进力

实践活动能够促进学生于实践中体验和感悟。在接受锻炼、学习技能、感受关爱、享受奉献带来快乐的同时，不断充实自己，提高自己，完善自我。鉴于此，教师要针对学生的年龄特点和认知规律，有计划、有目的地组织系列实践活动，实施德育渗透，提高德育实效。例如，在学校开展入队、入团、入学、毕业典礼、升国旗等仪式教育，开展革命歌曲演唱会，"祖国在我心中"征文、书画比赛等主题活动。又如，在社区开辟体验教育基地设置各种形式的爱心体验岗，组织"假日爱心小队"开展保护环境、尊老爱幼、护林爱鸟、宣传文明新风等公益性活动。

总之，每一位教育工作者都要以高度的职业责任感，整合一切教育资源，实施德育渗透，为培养知识丰富、身心健康的社会需要的合格人才不遗余力。

优化学校德育实施环节，推动德育创新

学校德育工作只有立足实际，进行德育创新，才能促进学生全面和谐发展，并为其终生发展奠定基础。具体操作时，应在深化学校德育实施环节上多做文章。

一、德育队伍求精

实践证明，建设一支敢打硬仗、有拼搏精神和创新能力的德育工作队伍是开展德育创新、做好学校德育工作的关键。怎样才能实现德育队伍的高效管理呢？

（一）落实"三承包"，做到"三表率"

"三承包"，即党支部承包党员，工会、教导处承包教职工，德育处、级部承包班主任、中队辅导员和学生。"三表率"，即领导干部做教职工的表率，党员做群众的表率，教职工做学生的表率。

（二）落实岗位竞聘制

班主任是德育工作队伍的骨干力量，他们的创新能力和工作热情决定了学校德育工作的效率。学校应通过动员会鼓励事业心强、责任心强、有工作热情、有创新能力、有奉献精神的教师竞聘德育干部和班主任。

（三）扎实开展师德师风建设

加强师德师风建设，需要督促广大教育工作者学习教育教学、学生管理等方面的规定。这有助于提高他们的思想素质和法制意识，增强他们的责任感和紧迫感。一方面，组织家长和学生开展评教活动，帮助教师寻找差距、弥补不足，强化其敬业精神。另一方面，举办教师论坛，组织大家一起交流、切磋、探究育人心得，希望在思想、认识、方法、措施等方面有所创新。这有助于建立一支素质过硬的德育工作队伍。

二、德育观念求变

一切工作的进展都依赖于决策者和实施者的观念。学校的德育观念要求德育工作长足发展，才能使学生终身受益。在德育观念上，必须统一以下三点认识。

（一）树立德育为先的思想

在推进素质教育的初始阶段，有些人对素质教育的认识表面化、片面化、极端化，误以为素质教育就是培养特长的教育。其实，德育才是素质教育的灵魂，必须优先发展。

（二）树立面向全体的观念

21 世纪是科学技术和生产力高速发展的时代，竞争和挑战无处不在。竞争表现为创新人才的竞争。要培养创新人才，必须改变传统的教育模式，树立"以人为本"的教育理念，根据个体差异，最大限度地发挥个人的聪明才智，让学生"百花齐放"。因此，在实施素质教育的过程中，我们既要充分尊重学生的人格，又要把对学生的尊重与发展的要求有机结合起来，让每一个学生都能和谐发展。

（三）树立学校无小事的意识

优化育人环境是德育工作的关键。学校德育工作并非停留在形式上搞一些活动，也并非单纯地靠德育干部和班主任来完成。学校的一切都在潜移默化地影响学生，每一位教师都有对学生进行思想品德教育的责任。

三、德育方式求活

义务教育阶段，德育工作的对象是个性鲜活的学生。呆板、封闭、苛刻的德育方式不符合青少年的成长规律。那么，如何才能让德育的方式方法灵活多样呢？

（一）采取行之有效的方法

一是广泛开展争当"少儿科学院小院士"、争当升旗手、争当文明标兵、争当校园之星等活动，激励全体学生共同进步。二是举办体育、科普、艺术类的活动，做到每个活动系列化，同时积极开辟德育实践基地，创设实践岗位，让学生积极参与。三是组织学生走出校门，到校外德育基地，到大自然中去，开展丰富多彩的教育活动，如可以组织"假日小队"，参与社会实践，让学生在亲身体验中锻炼自己，在奉献中获取知识、快乐和做人的道理。

（二）学科教学灵活渗透

课堂教学是渗透德育教育的阵地。教师要充分利用主题队会，发挥各学科教学特点，挖掘教材，进行有机渗透。同时，依据学生年级特点和学科教学特点组织丰富多彩、寓教于乐的活动，如讲故事、演课本剧、演讲等，以此来丰富课堂教学形式。

（三）用足用活团队资源

团队活动一直是学校实施德育教育的有效载体。学校团委、少先队大队应结合素质教育，突出爱国主义教育主旋律，把体验教育与道德理想、行为规范养成等方面的教育结合起来，积极组织活动，让学生充分体验，提高活动成效。如利用节日、纪念日举办庆祝、纪念活动，让学生在活动中体验，在体验中升华道德品质。

四、德育内容求实

积极创设良好的育人环境，形成浓郁的育人氛围，培养学生良好的行为习惯是学校德育工作永恒的主题。解决这一问题应在求实上下功夫。

（一）务求实效

在德育内容的选择上要求实，力求精当。政治思想、文明礼仪等方面的教育都是不可忽视的内容。

（二）突出时效

当前，结合社会大环境对学生实施德育教育至关重要。比如，加强法制教育，为学生将来成为法制社会的合格公民奠定基础。针对独生子女家庭、单亲家庭、父母下岗及经济困难家庭的学生，学校及时启动心理健康教育，对他们进行一些必要的心理健康辅导，帮助他们建立良好的生活观、学习观、发展观。

五、德育评价求新

评价方法的确定是构建学校德育导向机制的关键。学校应以认真务实的态度，不断调整德育评价的导向，完善德育评价体系。

（一）注重全方位、多样性评价

教育工作者应在德育评价上统一如下认识：学生人人都有才，都能成材。每个学生都有其所长、有其所短。教育者要善于发现其所长、发展其所长、弥补其所短，促进其全面发展。因此，德育评价就不能只靠单一手段、凭单一标准去实施，应树立"多一把尺子就多一批好学生"的评价观；要彻底摒弃一张试卷定优劣，一份成绩报告单给学生定性的不客观、不公正的评价方式。改变每学期只有少数学生捧回一张"三好生"或"优秀生"奖状的状况，扩大评奖的项目、范围和人数，力争每个学生每学期在各项评比中至少可获得一张奖状。要使用第二人称写操行评语，要让学生感到亲切、真挚、振奋。评价中，特别要注重过程性评价，即及时发现学生的优点并给予表扬；坚持开放性评价，即把老师的评价与学生的自评、互评和家长的评价相结合，让评价成为一种有效的教育手段。

（二）构建家校德育工作合力

学校建立"家校联系卡"制度和"学生在家表现量化表"制度，并定期印制"家校联系卡"和"学生在家表现量化表"发放给学生家长。一方面汇报学生在校表现，另一方面就学生在学校和家中的表现制定相应的考评目标，教师和家长要进行客观评价。教师将评价的结果作为"学生品德"和"学习成绩"的重要内容记入"学生成长手册"。这将会极大地调动学生不断进取的积极性。学校还应充分发挥家长委员会、社区监督委员会和家长学校的作用，就学校和教育工作者对学生实施过程评价及德育的实施情况开展家长评教、社会评教活动，以促进学校和教育工作者切实转变观念，不断更新评价方式，真正落实素质教育，促进学生全面发展。

学校应承担起指导家庭教育的责任

实践证明，由学校指导和推进家庭教育，是家庭教育更好配合学校教育，并与学校教育一道加强和改进未成年人思想道德建设的有效途径。近年来，我们学校在科学指导家庭教育方面进行了积极的探索和实践。

一、提高思想认识，积极承担指导家庭教育的责任

在当前复杂的社会环境下，传统的教育子女的观念以及单纯依赖学校教育学生的思想，已不能适应未成年人思想道德建设的要求。为此，学校必须提高思想认识，承担起对家庭教育进行指导的责任，向家长传授科学的家庭教育知识，帮助他们树立正确的家庭教育观，使其掌握科学的家庭教育方法，提高科学教育子女的能力。另外，加强指导家庭教育，还可以不断提升家长的家庭教育素质。鉴于此，学校建立健全家庭教育管理体系，投入较大精力成立了由校长任组长的家庭教育指导小组，专门负责家庭教育指导工作的规划、协调和组织，同时明确了校长是指导家庭教育的第一责任人，班主任、团队干部和骨干教师是指导家庭教育的主体。实践证明，

只要学校认真承担起指导家庭教育的责任，家庭教育便会和学校教育一样呈现出崭新的局面。

二、开展调查研究，分类做好家庭教育的指导工作

为了有针对性地指导家庭教育，一定要摸清家庭教育的状况。从2000年起，我们学校便开展了学生家庭教育状况调查。调查发现，家长普遍重视子女的教育，但是教育观念陈旧、不适应时代发展要求，存在"四多四少"的问题：关注孩子身体抚养的多，而关注其心理健康的少；重视孩子学习成绩的多，而重视其道德品质和行为习惯养成的少；关心学习结果的多，而关心其学习过程和学习方法的少；重视说教指责的多，而家长自身示范的行为少。针对这一状况，我们按照学生家庭的状况，分类开展了家庭教育指导工作。

（一）城镇家庭

针对城镇家庭对学校教育质量、教师教学水平要求较高的情况，学校主要从"正确认识学习成绩与素质能力的关系""课外辅导与素质教育""如何引导孩子合理利用课外学习资源"三个方面对这一部分家长的家庭教育进行指导。

（二）农村家庭

针对农村家长普遍关心孩子的吃穿而很少关心孩子学习和成长的问题，学校利用家长学校、家长座谈会，为农村家长讲解家长是孩子的第一任教师、家长自身的素质与孩子成长的关系、家庭是教育的基础等，从帮助他们树立承担起家庭教育责任的意识。

（三）留守儿童

针对外出经商、打工的家长长期远离孩子，将孩子委托祖辈抚养的情况，学校建立了班主任与家长、孩子与家长定期通信联系制度，及时让家长了解孩子的情况。

（四）单亲和离异家庭

对于单亲和离异家庭的孩子来说，由于家庭的变故，他们大多有一种失落感。如果不给他们更多的关爱，他们可能会产生自暴自弃、不求上进的情绪，影响他们的健康成长。针对这类孩子的家庭教育指导，学校主要采取"唤醒两头，优化中间"的方法。"唤醒两头"，就是唤醒孩子的父母或监护人的责任意识，让他们关心孩子的生活和学习；同时唤醒孩子的自尊心，让他们振奋精神，不断进取。"优化中间"，就是优化孩子学习、生活的环境。例如，我校四年级学生唐飞，父母离异，他跟着姐姐一起生活。由于失去了父母的关爱，他对社会、学校、老师和同学有一种逆反心理，经常打骂同学、破坏公共设施、偷同学的零花钱，甚至在网吧过夜。对此，学校领导和班主任认真分析研究，派人找到了孩子远在徐州打工的父亲，向他介绍孩子的情况。经过多次做工作，他父亲终于答应回家照顾孩子。同时，学校开展了"关爱唐飞同学的手拉手活动"，帮助他解决生活和学习上的困难。最终，唐飞改掉了不良习惯，精神面貌焕然一新。

三、办好家长学校，提高家长教育子女的能力

家长学校是向家长系统传授家庭教育知识和方法的主要场所，是学校指导家庭教育的重要阵地。要办好家长学校，提高家长学校的教学效果，必须做到教学计划科学化、教学内容系统化、教学形式多样化。

（一）突出重点，分层确定家长学校的教学计划和内容

为确保家长学校的教学质量，我们根据不同年级段学生的特点安排家长学校的教学内容。针对低年级学生家长，其教学内容主要是教给家长怎样帮助孩子渡过入学关、怎样根据小学低年级学生身心发展的特点把握好教育对策、怎样培养孩子良好的行为习惯、如何创造良好的家庭学习环境，以及加强家长自身修养的重要性等。针对中年级学生家长，其教学内容主要是帮助家长分析中年级学生两极分化的原因及其预防措施，教给家长如何培养孩子对各门功课的兴趣和自主学习的能力，以及家长如何帮助孩子

选择交往伙伴等。针对高年级学生家长，其教学内容主要是教给家长如何培养孩子的自理、自立能力，如何培养孩子的创造性思维，如何帮助孩子正确交往与对待友谊，如何创造良好的情感环境，如何对孩子进行心理健康教育，如何帮助孩子远离不良书刊和影视作品等。

（二）树立典型，积极推广成功家庭的教育经验

事实证明，只有用事实说话，树立成功家庭教育的典型，才能真正触动某些家长的思想，使其反思并总结自己在家庭教育方面的经验和教训，修正教育子女的方法。

家长学校除邀请北京、济南等地的家庭教育专家来校授课外，还经常组织一些学生家长介绍自己家庭教育的成功案例。每次家长学校开课，学校都会对家长的发言稿进行收集、整理，并装订成册，作为今后家长学校的教材。同时，家长学校会定期举办家庭教育征文活动，目的是让家长总结家庭教育成功的经验和失败的教训，畅谈进行家庭教育后的体会和收获。我校四年级学生金灿的父亲，是区直单位的普通职工，他原来的教育方法简单粗暴。提起爸爸，金灿总是心惊胆战。参加家长学校后，金灿的父亲了解了成功家庭教育的经验，认识到自己的教育方式不利于孩子健康成长，开始注意学习，订阅了家庭教育方面的报刊，逐渐改变了对孩子的教育方式和态度。金灿的思想和行为有了明显转变，由于进步快，他被评为三好学生和优秀少先队员。金灿家长教子观念的转变，对其他家长起到了很好的带动作用。

四、拓宽联系渠道，加强与家长的沟通与交流

建立家长委员会和社会监督委员会组织机构，召开不同类型的家长座谈会，建立家访制度，有利于学校整合指导家庭教育的资源，能起到促进家校互动、协调家庭教育与学校教育关系的作用。

（一）发挥家长委员会、社会监督委员会的作用，形成指导家庭教育的合力

学校家长委员会分班级和学校两个层次，由家长代表组成。家长委员

会由家长选举产生，其功能包括定期开展评教活动和探讨家庭教育中出现的普遍性的问题，有助于增进家长与教师、家长与学校之间的联系。社会监督委员会由校外代表组成，既是学校的校外教育力量，又是家庭教育的指导力量。社会监督委员会会定期到校进行法制教育和革命传统教育，并对家长学校的具体事项进行评估和监督。

（二）召开家长座谈会，丰富家庭教育指导的内容

实践证明，召开形式不同的家长座谈会，有利于增进学校、教师与学生家庭之间的了解与沟通。为增强家长座谈会的实效性，学校从形式和内容上对家长座谈会进行了改革：变单一的家长进校园开会为教师走出校门，到家长比较集中的社区、村庄等地方召开流动现场会；变单一的情况汇报会为孩子成长、成功的展示会。流动家长座谈会，不仅解决了家长居住分散来学校开会困难的问题，而且融洽了学校与家长、教师与家长的关系，得到了家长、社区及有关单位的大力支持和赞扬。

向家长展示孩子们的成长成果，是近几年家长会增加的内容。学校组织家长参观孩子自己制作的手抄报、科技小作品、课外书画作品，观看孩子自己演出的文艺节目、课本剧表演，参加孩子自己组织的辩论会、演讲会。通过展示活动，家长看到了孩子的进步与成长，增强了教育好孩子的信心。

（三）建立家访制度，具体指导家庭教育

家访即家庭访问，是学校与家长联系的经常性工作，是加强学校教育与家庭教育相结合的重要途径。学校规定，凡是新接班的班主任，在两个月内对全班学生的家访率不得低于60%，一个学期后不得低于80%，非班主任的老师也要随同班主任一起家访。为了更好地进行家庭教育，学校印制了"家访手册"，要求班主任每次家访都要有计划、有目的、有问题，有家长的反馈意见。家访使教师和家长有了足够的时间和机会交换意见和看法，为具体指导家庭教育创设了良好契机。

五、开展课题研究，为家庭教育提供理论支持

近年来，我们围绕家庭教育等方面的问题进行了交流与探讨，为家庭

教育的指导提供了理论支持。学校先后开展了"整体构建家庭教育体系，培养孩子良好习惯""家庭教育中的习惯培养""学习型家庭的建立"等课题研究。其中，课题"整体构建家庭教育体系，培养孩子良好习惯"被中央教科所确立为"全国教育科研十五规划国家级重点课题"。我校也成为该课题的重点实验基地。

经过几年的摸索、实践，我们越发感到指导家庭教育的责任重大，感到指导家庭教育的空间很大，只有认真做下去，才能使家庭教育与学校教育配合得更好。学校教育与家庭教育的互相促进，最终会形成一个良好的大教育环境，使孩子们全面、健康地成长起来。

示范，引导，组织——浅谈教师在德育实施中的作用

加强对学生的思想品德教育是公民道德教育的重要组成部分。因此，在德育实施过程中，教师的示范、引导、组织作用至关重要。

一、示范

"其身正，不令而行；其身不正，虽令不从。"作为教师，该用怎样的行为去影响学生呢？

（一）让学生感知教师的以身作则

有些教师只说不做，不能做到以身作则，导致教育效果不佳。因此，必须摒弃这种脱离实际的夸夸其谈，应以理论指导实践，并且带头做到以身作则。如要求学生守时，教师决不能迟到早退；让学生树立平等意识，教师决不能歧视、体罚学生……这样，学生就会直接从教师的行为中感知"说了就一定做"的做人处世准则，就会为实现自己的理想而脚踏实地地学习和工作。

（二）让学生感知教师的身体力行

有经验的教师总是用自己的行动去影响学生。著名教育家魏书生就是"要求学生做到自己必须做到"。他要求学生减少"三闲"，便坐在教室后面，不管是上课还是课间都埋头读书、写作。正是这种榜样效应，学生感知到了老师的良苦用心，养成了抓紧时间学习的习惯。

（三）让学生感知教师的身先士卒

教师是领头雁、排头兵。社会的期望和职业的特殊性要求教师的知识要比学生渊博，生活经验要比学生丰富，为人处事要比学生严谨……为此，教师不仅要为自己设计学习目标和规划实施方案，还要大胆创新，积极接纳新观念、新思想，尽力满足学生的需要。学生感知了教师无数个"身先士卒"的"先"，品出教师"捧着一颗心来，不带半棵草去"的崇高奉献精神，才会效仿教师在前进途中写个大写的"人"字。

二、引导

人们常说"种瓜得瓜，种豆得豆"。让每个人从小就接受良好行为的熏陶，把做人做事的基本道理扎根于心，并演变成生命的一部分，是一个关系到人的成长的大课题。作为教师，我们要积极引导学生到实践中体验，在体验中感悟，把做人做事的道理内化为健康的心理品质，转化为良好的行为习惯。

（一）启发学生投入体验

体验教育就是教育对象在实践中认知，别人无法代替。活动中，教师要注重引导学生通过真实的情景体验、反复的行为训练，获得健康的心理品质。

（二）引导学生切实体验

体验的机会无时不有，无时不在。教师要通过集体体验、自我体验、角色体验、模拟体验等形式，设计各种角色让学生体验，为其人格培养打好基础。有个爱睡懒觉的学生，无论他的妈妈爸爸怎样哄怎样批评，他都不肯早起一分钟。自从开展体验教育，他当了半天"残疾人"，亲身体验了残疾人腿脚不便、吃力迁移的痛苦之后，便天天早起半小时，去接腿有残疾的同学上学。他说："其实不睡懒觉不是一件难做的事。"

（三）鼓励学生的点滴进步

人的成长是一个渐进的过程。在这个过程中，学生通过对各种角色进行体验，逐步把做人做事的道理内化为的心理品质。教师要具备敏锐的眼光，善于发现和捕捉学生身上的"闪光点"，给予及时的鼓励、引导，使道德的种子在学生心中生根发芽。

三、组织

教师是对学生实施教育的组织者，是德育实施的具体策划者。因此，要充分发挥能动作用，组织好系列教育活动。

（一）组织好学科教学，实施德育渗透

各科任教师要深入挖掘教材，寻找实施德育教育的最佳切入点，对学生进行潜移默化的教育，不能仅仅依赖思想品德课，更不能依赖纸上谈兵，而必须充分发挥学科育人功能，使德育渗透水到渠成。因此，教师要结合生活中的鲜活事例让学生去感悟、去体会，并做到延伸、拓展，与学生的生活实际相结合，从而深化教育内容。

（二）组织校内活动，在活动中渗透德育

校内有很多教育资源，教师应抓住一切教育机会对学生实施德育教育，用富有内涵的语言熏陶学生、激励学生。如利用每周一的升国旗活动，对学生进行爱国主义教育，激发其爱国热情；利用"红领巾助理岗"，培养学生的自我管理能力，养成良好的行为习惯；利用"红领巾广播站"播音，加强教育宣传力度，扩大教育面；等等。

（三）组织社会实践活动，让学生在社会大课堂里接受教育

教师要努力构建学校、家庭、社会三位一体的育人体系，拓宽育人渠道，让学生在社会实践中接受教育、在社会大课堂里明白处事的道理，养

成良好的道德品质和行为习惯。为了了解企业文化，组织学生到厂矿、企业、山乡村镇作社会调查；为了强化学生的环保意识，组织学生到郊外、河边、池塘、企业排污处进行实地考察，并组织他们动手美化家园；为了增强学生的献爱心意识，组织他们到敬老院、军烈属家庭、孤寡老人家里义务劳动……

总之，教师应发挥主导作用，用自己的言传身教和聪明智慧去感染学生，为学生学会求知、学会做人当好引航员。

班级工作要充分体现人文关怀

班主任在日常班级管理工作中要充分体现人文关怀，积极创造条件，构建和谐育人环境，促进学生全面健康成长。

一、适时表扬，激励奋进

心理学家威廉·詹姆士说过，"人类本质中最殷切的需求是渴望被肯定"。班主任应时刻运用自己的"火眼金睛"发现每一个学生的优点，及时给予表扬，调动他们的积极性，促使他们在潜意识中自我提高、自我转化，达到全面发展。学生小韩机灵活泼、思维敏捷，喜欢接老师的"话茬儿"，经常惹老师不高兴。每当不愉快发生，任课老师都会向我告状。开始的几次谈心没有奏效。就在我束手无策的时候，课代表向我告状，说学生小韩抢着分发作业。听后我心中有了主意，就这件事，我不但没有批评他，还对他争着分发作业的行为加以表扬，夸奖他热心为同学服务，并让他担任课代表的助手。自此，他逐渐改掉了接"话茬儿"的毛病，自觉遵守纪律，各方面进步都很大。事实证明，对于学生，适时给予表扬、肯定，能够激发他们奋发向上、自我转化的愿望，从而走向成功。

二、搭建舞台，展示风采

喜欢展示自己是人的天性。班主任应该积极地为学生展示自我创造机会，搭建舞台，给他们一方尽情展示才华的天地，让他们在表现自己、展示自我的过程中接受锻炼，体验成功的快乐，激发兴趣和潜能，从而树立起"我能行"的自信心，超越自我。比如，班级定期举行书画展、手抄报展、科技小制作展、诗歌朗诵会、排演课本剧、歌咏比赛、拔河比赛等活动，让学生在活动中展示、在活动中成长。再如，通过增设班级"管理长"、设置助理班主任轮流岗、设置一日代理班主任岗，每个学生都能在自我管理的岗位上锻炼自己、发展自我。又如，班主任可以组织学生参与社会实践活动，走出校门，融入社会，在广阔的社会舞台上展示自我、锻炼自己、健康成长。

三、保持冷静，促其反思

每一个人的成长都在经历"错误—反思—改正—提高"的曲折过程。青少年最容易犯错误。每当此时，班主任应该动之以情、晓之以理、导之以行，保持冷静，切不可意气用事；也不可采取强硬措施，更不可当众批评、讽刺、打击、挖苦、羞辱学生。问题得不到解决时，我们不妨给学生留出反思的时间，让他们去反思，或许会收到意想不到的效果。班长的画笔丢了，有人看见是学生小刘拿了，但他死活不承认。听了班长的诉说，我没有直接找学生小刘，而是对全班学生说："班长的画笔丢了，是谁误当自己的拿走用了。如果你拿了，请你悄悄地还回来。请你想一想，拿别人东西的孩子是好孩子吗？老师和同学们知道了还会喜欢你吗？我相信咱班的学生都是好孩子！"第二天，班长的画笔失而复得。我深深体会到，遇事给学生反思的机会多么重要。

四、做好示范，增进友谊

班主任既要具备高尚的师德、渊博的知识，又要用自己高尚的人格魅力去感染学生、打动学生，从而增加亲和力，增强向师性。这样，学生才会接受你、敬佩你、仰慕你、信任你、学习你。班主任不仅仅是班级的管理者，还担负着教学任务。他们会精心备好并上好每一节课，向学生展示自己的才华。课下，教师要与学生多接触、多交流，尽量找机会与他们谈心，让他们知道自己和蔼可亲和平易近人；多组织一些有意义的活动与学生一起参与，融入学生之中，增进与学生之间的友谊。只有教师平时多与学生接触，学生才会了解你、信任你，才会随着你的引导放飞希望。

五、倾听心声，融洽关系

班主任一定要具备"海纳百川，有容乃大"的胸怀，能敞开心扉接纳学生的意见和建议，倾听学生的呼声。这将有助于纠正自身工作失误，改正自身缺点，从而建立良好的师生关系，构建民主、宽松、和谐的班集体，培养出心态健康、人格健全的学生。班主任要关注学生的思想动态和心理健康，积极为学生创设倾诉心曲的机会；要让每一个学生都有倾诉的对象和倾诉的渠道。比如，利用主题队会开展"诉说我的烦恼"主题活动或以"老师，我想对你说"为题的征文活动。另外，班主任还可以设立班主任信箱、开通心理咨询电话，让学生倾诉心中的困惑、烦恼、委屈；或者公开电子邮箱，让学生把不能直说和不敢说的话以邮件的形式发过来，与班主任进行交流、沟通，达成共识。

深入挖掘教育资源，引领学生健康成长

在教育教学活动中，学校要积极实施全方位育人策略，调动教师各方面的积极因素，挖掘各种教育资源，着力培养学生的良好习惯、创新精神和实践能力，从而提升其综合能力。

一、全面开发利用校本课程资源，拓宽学生视野

在全面贯彻《课程标准》，充分利用好国家和地方课程的同时，积极开发校本课程作为有益补充，实现国家、地方、学校三级课程并举，从而促使学生综合素质全面提升。为更好地传承优秀传统文化，开展好古诗文教学，帮助学生积淀文学素养，有的学校大量收集适合学生背诵的诗文，组织学生开展诗文配画活动。学生通过查阅资料、小组合作等方式，给诗文写上赏析、配上精美的图画，把对诗文的理解融入诗文配画的活动中，使原本难理解、记忆的古诗文变得生动活泼起来。通过开展丰富多彩的古诗文诵读活动，学生积累了大量经典古诗文，提升了文学素养。为让学生全面了解家乡的历史文化、风土人情，增强爱祖国和家乡的情感，有的学校组织师生一起探究本地区悠久的历史文化遗产，如小邾国遗址、汉画像石、伏里土陶等。有的学校聘请伏里土陶传人向学生讲解伏里土陶文化，并向学生展示他制作的孔子行教像、孔子像、墨子像等栩栩如生的作品，还教给学生制作伏里土陶的方法。有的学校带领学生探究山亭高跷竹马表演、山亭北官庄皮影戏等民俗文化。有的学校带领学生参观山城街道雪山苏鲁豫皖农民抗日训练班旧址、北庄抱犊崮山区抗日武装根据地等红色景点。有的学校带领学生游览北庄熊耳山大裂谷、店子莲青山、水泉龙峪、冯卯岩马水库、山城街道翼云山等著名景区。这些具有浓厚乡土人情的校本课程都是学校开发和探究的内容。多种校本课程的综合开发利用，既拓宽了课程资源的渠道，有效地弥补了国家和地方课程资源的不足；又使学生开阔了视野，增长了见识，陶冶了情操，提升了综合能力。

二、组织开展实践活动，形成学生综合能力

教育的主要任务是促进学生综合能力的形成，为社会培养合格有用的人才。鉴于此，教师要在扎实搞好学科教学和班级管理的同时，组织学生参加学校举办的艺术节、运动会等活动；开展班级实践活动，引导学生由课内走向课外，由学校走向社会，尽可能地为学生提供展示自我、实践创新、

锻炼提高的机会。比如，有的教师组织学生开展了学科实践作业和实践活动，起初根据学科融合的特点给学生布置了办报刊、编文集、写调查报告、写学习日记等实践作业，后来又加入了一些实践活动，如设计标语牌和商标识字、对联收集、测量记录、数据统计等。现在，他们的学科实践作业和实践活动又发展到了一个更高的层次，即利用假期和休息日开展"素质教育亲子行动"，让学生在家长的帮助下根据个人特长和爱好开展看奥运、同读书、练书法、学摄影、搞发明等六大自选活动，收到了良好效果。除此之外，还鼓励学生积极参加校级、年级、班级等不同层次的阅读、书法、绘画、手工制作等课外活动，这极大地丰富了学生的课外生活，使学生增长了知识，发展了特长，活跃了思维，张扬了个性，增强了综合实践能力。

三、实施歌诀教育，促进学生良好习惯养成

心理学家威廉·詹姆士说："播下一个行动，收获一种习惯；播下一种习惯，收获一种性格；播下一种性格，收获一种命运。"培养学生良好的行为习惯非常重要。为了培养学生的良好习惯，学校编写了歌诀，用歌诀教育学生，促使他们早日养成良好习惯。如区实验小学编写了《放学歌》。学生放学时边踏步边高喊："放学铃响，站队入场；不拥不挤，不声不响；前后看齐，左右不忘；起步行走，头抬胸昂；步伐一致，口号响亮；走出校门，斗志昂扬；一路安全，不乱违章；按线行走，注意车辆；走到家门，再把队放；时时刻刻，牢记心上。"既规范了学生放学路队的行为，又加强了安全教育。针对每周一的升旗，学校编写了《升旗歌》。升国旗时，学生右手握拳，高唱《升旗歌》："我们升国旗，队伍排整齐；站在国旗下，肃立行队礼；目送国旗升，心中生敬意；大声唱国歌，爱国永谨记；国旗下宣誓，铿锵又有力；我是中国人，为国来学习。"既强化了学生的爱国意识，又增强了爱国情感。此外，学校还编写了《纪律歌》《卫生歌》《上课歌》《礼仪歌》等歌诀。通过实施歌诀教育，学校全面培养了学生良好的生活和学习习惯，既改善了他们的精神面貌，又提升了他们的综合素质。

四、构建"三位一体",全方位育人格局

学校是实施教育的主阵地。但仅靠学校的力量未免有些单薄,还需要家庭、社会的大力支持和全方位配合,凝聚强大的育人合力。学校借助家校联系卡、家访、致家长的一封信等形式,及时与家长沟通学生在校和在家的表现,针对学生存在问题与家长共同研究制定因材施教的策略,同时为家长提供家庭教育指导。通过聘请校外辅导员,定期邀请社会知名人士对学生进行公民道德、理想信念、法治观念、集体主义、安全自救自护等方面的教育,学校帮助学生树立正确的人生观、价值观,并引导学生将所接受的教育落实到学习和生活中去。在学校、家庭、社会"三位一体"的育人合力中,学生的理想、道德、文化、纪律观念和综合能力得到了提高。

请心存美好期待

学生来自不同的家庭,他们的生理、心理和智力结构存在差异,性格更是千差万别,其思想或成绩也就不可避免地存在差别。教师如果认识不当,就会形成所谓"差生"的思维定式。成年人对待他们的态度,在施教过程中给予他们的期待,将会影响、改变他们一生的命运。

在这方面,我有切身的体会。我出生在一个山区农民家庭,兄弟姐妹六个,在我们家都争着吃而不能挣的困难时期,父母无力让我们都能接受教育。父亲让哥哥和三弟退了学,却让我继续读下去。尽管我贪玩不懂事,父亲还是一再坚持。我没有辜负父亲的期望,以优异的成绩考上了师范学校,毕业后当了一名小学教师。父亲当年之所以那么做,我之所以有今天的境况,后来从父亲的闲谈中才了解到真正原因。在我们兄弟都还小的时候,村里来了一位老先生,他告诉我父亲,说我能考上学,会吃公家饭,对哥哥和弟弟却没有这方面的评论。老先生的话影响了父亲,使他深信不疑,对我

抱有美好期待，坚持让我上学，因此改变了我的命运。平心而论，我的智商并不比兄弟们高。

有一个著名的实验——罗森塔尔效应。1966年，美国心理学家罗森塔尔和雅各布森来到一所小学，煞有介事地说，要对所有的学生进行智能测验。然后把一份学生名单发给有关教师，说这些名单上的学生被鉴定为"最有发展前途者"，并再三嘱咐教师对此保密。其实，这份学生名单是随意拟定的，根本没有依据智能测验的结果。但八个月后再次对该校所有学生进行智能测验时，奇迹出现了：凡被列入此名单的学生，不但成绩提高了很多，而且性格变得开朗，求知欲望强烈，与教师的感情也特别深厚。后来，他们都考上了大学。

以上事例足以证明，对少年儿童寄予美好期待对他们的成长乃至终生的命运都是至关重要的。希望每一位教育工作者都拥有一颗宽厚博大的心，走进学生心灵，对每一个学生都心存美好期待，尤其是对那些所谓的"差生"，更应该对他们寄予美好的期待。教师在教育过程中从心理上重视他们，就会产生一种积极的情感，就会给予他们更多的爱，通过语言、笑貌、眼神等表现出来。在这种深情厚爱的滋润下，学生自然会产生一种自尊、自爱、自信、自强的心理。在这种心理的推动下，他们必定会取得显著进步，最终实现我们所期待的愿景。如果每一位教师都能对学生心存一份期待，我们的教育工作必将取得事半功倍的效果。

爱不需要附加条件

近期，我读了一则短文，大意是这样的：家里有两个玻璃杯，同样的透明、晶莹剔透。然而，"我"总是习惯使用其中的一个，而嫌弃另一个。第一个杯子瘦长，第二个杯子矮胖，"我"更青睐瘦杯子，况且认为长长的、高高的瘦杯子，所装的水也应该比矮矮的胖杯子要多。一天，"我"闲着无聊，把高高的瘦杯子装满水再倒入胖杯子里，万万没有想到，高高的瘦杯子与矮矮的胖杯子的容量完全相等，不差分毫！霎时，"我"对胖杯子产生了歉疚之情。

此文对我触动很大，不禁产生疑问：我们对学生的爱有附加条件吗？由于学生来自不同的家庭，拥有不同的遗传基因，生长在不同的环境，接受不同的家庭教育，导致他们的智力发展水平、接受新事物的能力等方面存在一定的差异。尽管他们同在一个班级学习，他们的教师也是相同的，可是他们是否都能接受同样的教育、得到同样的关照呢？面对学生，我们是像文中偏爱瘦杯子的"我"一样，凭个人主观臆断有所偏爱，还是应该公平地对待每一个学生呢？

尽管各级教育主管部门一再强调教育要公平、公正。可是，凭学生的学习好坏、品行优劣、长相丑俊、家庭出身等情况把学生分成三六九等，凭教育者的好恶施教等现象很多。殊不知，教师有违教育公平、公正的言行举止会在学生的心灵上烙下终生的印记，甚至会改变他们的命运。

作为一名有良知、具有高尚师德的教师，绝不能因为学生学习成绩好给自己挣足面子而宠爱有加，也不能因为学生的父母身居高位或腰缠万贯而一味讨好，更不能因为学生身体有缺陷或品质差而对其置若罔闻。对学习成绩好的学生关照有加，你想过"养尊处优"给他们带来的不良后果吗？对那些所谓的差生，我们不考虑他们的情感和渴望，全然不顾他们幼小的心灵能否承受，而对他们轻视、冷漠、挖苦、打击，那还能发现他们的闪光点给予鼓励、表扬，并加以正确的引导促其健康成长吗？面对长相丑陋、身有残疾、家庭贫困的学生，我们戴着有色眼镜施教，还能体现教育的公平吗？

每个学生都是未来社会的建设者，长大后都会拥有一个适合自己发展、为社会做奉献的岗位，他们都是推动未来社会发展的积极因素，不可或缺，更不容忽视。他们都需要老师的细心呵护，都强烈地渴望得到老师的关爱。

老师们，爱是不需要附加条件的。不管是谁，我们都应该一视同仁，让每一个渴望被爱的学生都能分享到无私平等的爱，让每一个学生都能获得充足发展。

心理健康教育不可忽视

课间休息，一个女生哭着跑进办公室，对我说："老师，文峰说我跟周健好……""别哭，别哭，到底发生了什么事？"我一边安慰她，一边听她倾诉。原来，这个女生与一个叫周健的男同学住在一条街上，两人经常一起上下学，学习上遇到困难也互相帮助。文峰就宣扬这个女生和周健谈恋爱。不仅如此，文峰还把班内几名关系要好的男女生也说成是在谈恋爱，搞得班级男女生关系顿时紧张，不能正常交往。听完这个女生的叙述，我神情严肃地告诉她："同学之间正常交往、互相帮助的做法是对的。你不要哭，老师会帮你处理好这件事的。"

送走这个女生，我陷入沉思：现在的孩子到底怎么了？面对年龄、生理、心理、家庭环境不同的青少年，教师在关注他们学习的同时，是不是更需要关注他们的心理健康呢？心理健康可是青少年健康成长、全面发展的具体指标啊！

我随即展开调查，了解到文峰的爸爸常年在外打工，家里只有妈妈一人操持。文峰到了青春萌动期，受网络及周边环境影响，心理发生了极大的变化，对一些问题既好奇又敏感。他妈妈顾不上文峰的思想和心理变化，也没有时间去关心他，更不可能及时了解他的变化并对其进行适时的疏导教育。文峰这个年龄段的孩子自尊心很强，又处于青春叛逆期。我该采取怎样的教育方式进行正确引导呢？如果当面训斥，他会不会产生抵触情绪，而全班同学会不会对他另眼相看，后果会怎样？我思索着，突然眼前一亮，何不利用下午的健康教育课对全班学生进行一次有针对性的教育呢？

经过精心准备，我在健康教育课上对全班同学说："同学们，现在比较流行测智力指数和魅力指数，你们想不想测测自己的健康指数？"接着，我向学生介绍了健康的内涵和测健康指数的方法，并向每个学生发了一张健康指数测试卡，让他们实事求是地填写。

下课后，文峰主动找到我，心虚地向我询问他是不是达到了健康标准。我借机帮他进行了分析，并有针对性地实施了教育。接下来，我结合班级实际召开了"正班风，讲团结，求互助"主题班会。我告诉学生："大家是中学生了，同学之间应该建立深厚纯洁的友谊。同学是兄弟姊妹关系，互相帮助、互相关心、互相交往是正常的，不要想不健康的问题，不要乱猜疑，不要乱讲话，不要因为自己不当的言行影响同学之间的正常交往，破坏团结真诚和谐的同学关系。"除此之外，我还利用双休日召开了家长会。会上，我要求家长多关注孩子的变化及内心想法，发现问题及时疏导，协助学校搞好学生的心理健康教育。

作为老师，我们要时刻关注学生的心理健康及发展状况，并针对其心理问题及时采取措施进行疏导，真正让他们的心灵有所寄托、情感得到倾诉、精神得到依靠，从而健康成长。

师者，人之范也

养成教育要求学生上下学要遵守交通规则，在校园内不能骑车，避免因交通混乱酿成安全事故。同时，一些学校还在显著位置设置了警示牌。

然而，个别教师进出校园却从不下车，不管是骑摩托车还是自行车，都招摇过市、横冲直撞，有的还故意加快速度，尽显威风。尤其是学生放学站路队的时候，他们不管三七二十一，骑着车子在人流里钻进钻出，这场景与学生排着整齐的队伍、严格按照交通规则靠右行形成鲜明的对比，谁看了都会为他们的做法感到汗颜。

师者，人之范也。警示牌、规章制度、交通规则仅仅是为学生设置的吗？教师的示范表率作用还要不要了？教育工作者要用自身的人格魅力影响学生、感染学生，做学生的榜样。"其身正，不令而从；其身不正，虽令不从。"教师带头违反学校规定，破坏交通秩序，给学生造成不良影响，让大家感到不安。学生已经有了辨别是非的能力，对这部分教师的行为不能不质疑。当他们站在讲台上夸夸其谈、大讲什么道理的时候，学生还会信服他们、接受他们的教育吗？他们对学生提出要求，他们还会听从，照办吗？"己所不欲，勿施于人。"作为成年人的教师都做不到，怎么能要求未成年人做到呢？

"平凡中彰显伟大，细节处方见品质。"做学生心目中的好老师，做学生的表率，就要从小事做起，从生活细节做起。不要总认为个人的生活小节无碍大局，搞好课堂教学就行了。唐代大文学家韩愈早就告诉我们"师者，传道、授业、解惑也"。所以，教书和育人是每一位教师义不容辞的责任。教师不仅要向学生传授文化知识，还要教给他们做人做事的道理，更要以身示范，带头遵守社会规则。教师的言行举止对学生的影响是潜移默化的、深远的。

其实，我们能成为学生的表率，成为学生眼中的好老师，只是很多时候，忽视了个人小节，忽略了学生的感受，违反了为人师表的起码准则。

师者，请做学生的表率吧！

教育智慧

　　教育是关乎人的灵魂的工作。教师不应对学生的分数过分追求，对学生学业成绩期望过高，而应对学生的生命给予无限的关注。教师应充分发挥对学生的引领作用，让自己的教育策略充满智慧之光。

走近学生，感受成长

新课程理念强调，教师是学生学习的组织者、引导者、促进者。因此，我们应认清角色，体现人文关怀，因材施教，关注个体发展，走近学生，感受其成长。

一、关注学生个体差异

由于诸多原因，我们的教育对象总会有差异，存在所谓的"差生"。面对他们，教师的教育策略不尽相同，收效也就不同。有的教师面对"差生"束手无策，或者干脆放弃，任其自然发展，根本谈不上什么教育，结果贻误学生终生。究其原因，这些教师没有认真分析、研究学生的认知规律，没有找到学生存在差异的根本原因，并采取相应的措施，做到因材施教。教育方法不适合他们，他们就不会乐于接受你的教育，就很难促进其很好地发展。

又如吃饭，不合你口味的饭菜你愿意吃吗？如今，有多少教师出力不讨好，在做着令学生厌烦、使学生产生抵触情绪的无用功呢？教育是一门科学，更是一门艺术，需要教育工作者每时每刻了解每一个学生的秉性，触摸每一个学生的心灵，掌握他们的优缺点，不断探索教育规律，掌握科学的育人方法，并不断创新教法，为每一个学生量身定做一套适合他们并被他们乐于接受的施教策略。真正做到因材施教，合理引导，不让他们因"偏食"，导致"营养不良"。真正使不愿吃素的学生，喜欢上蔬菜瓜果，不愿吃荤的学生，乐于吃大鱼大肉。

试想，如果教师为有差异的学生创设适合他们发展、成长的环境，选取适合他们的教育方法和策略施教，他们能不接受你的启发、引导、教育吗？

他们会自暴自弃吗？他们能不更好、更全面的进步和发展吗？希望每一位教育工作者都正视学生的差异，弄清每一个个体产生差异的原因，因材施教，充分体现人文关怀，关注个体发展。

二、寻找最佳结合点培养爱心

爱可以沟通一切，爱可以包容一切，爱可以激发每个人的灵感、求知欲和上进心，爱是生命历程中的润滑剂、催开生命之花的源泉。拥有爱心才会拥有友谊，才会拥有关爱，才会拥有健全的人格，才会拥有辉煌的事业，才会拥有幸福的人生。试想，一个不热爱班级集体的人怎么能与同学团结相处？一个不爱同事的人怎么能与同事合作共事呢？一个不热爱工作的人怎么能创造性地工作、开创事业的新局面呢？一个不热爱祖国的人怎么能有建设祖国、报效祖国的责任心和动力呢？一个不热爱社会的人怎么会有强烈的社会责任感呢？

少年儿童具有极强的可塑性，在他们幼小的心灵播种下什么样的种子，便会结出什么样的果实。鉴于此，培养少年儿童的爱心意义重大，爱心教育刻不容缓。

在学校、家庭、社区中，爱心教育资源无处不在，关键是找准结合点。例如，针对少年儿童的年龄特点和认知规律，在学校，开展入队教育，升国旗仪式，以及"学英雄、忆英雄、与英雄看齐"等主题活动；在社区，开辟体验教育基地，设置各种形式的爱心体验岗；在家庭，要求学生做力所能及的家务活。这些都是对少年儿童进行爱心教育的最佳结合点。

对少年儿童进行爱心教育的资源是广泛的。希望广大教育工作者在少年儿童成长的关键时期对他们开展广泛而深入的爱心教育，为他们拥有爱心和幸福的人生奠定良好的、坚实的基础。

三、切不可忽视学生心理素质的培养

一个学生经常完不成课下作业，学习成绩不怎么好。他的班主任出于对他的负责，当着全班同学的面批评了他，并强制他补拖欠的课下作业。就因为这件事，这个学生受了刺激，说什么也不上学了，并声称一提上学就头痛。老师父母苦口婆心地劝说都不见效。如今，该学生已经在家里待了近一个学期。他的父母着实为孩子的前途担忧。

学生坚决不去上学，一提上学的事就头疼。对于这件事情，班主任有不可推卸的责任。究其根源，是学生的心理素质太差，没有足够的心理承受能力，经受不住任何打击和挫折，缺乏必要的心理素质训练和耐挫折教育。

这件事启示我们，对学生进行耐挫折教育刻不容缓。如今的学生基本上是独生子女，在家是"小皇帝"，被一家人围着，有着至高无上的优越感。学校有义务、有责任、有必要对学生进行心理素质强化训练，进行耐挫折教育，可以充分利用主题队会宣讲等活动，让学生明白人生的道路不是一帆风顺的，遇到各种打击和挫折是难免的，应该正视挫折；明白苦难是人生的一笔宝贵财富，只有经历各种磨难的人，意志才更坚定，力量才更强大。学校还要采设置各种体验情境，对学生进行心理素质训练，增强其心理承受能力，以便其能够以积极的心态和健康的心理战胜、克服成长过程中遇到的各种困难和挫折，做到愈挫愈勇、愈挫意志愈坚。

四、与学生一起成长

你遇到过如下情况吗？

"老师，你读错了一个字音。"

"就你能！"

"老师，这道题错了，你没有指出来。"

"我是老师，我能不知道？还用你提醒？"

这样的例子不胜枚举。当你遇到学生诘问，帮你指出问题，你会如何面对呢？是固执己见，讽刺、挖苦学生，还是知错就改，充实自己，避免类似的事情再发生。如果采取前一种做法，那将大错特错，是要不得的！学生是一个个活生生的个体，他们对生活有敏锐的洞察力。新课程具有极强的开放性、整合性和综合性，这就要求教师要具有开放的心态，尊重学生，充分认识自己的不足，加强学习，不断提升个人素质。教师只有知识渊博，谦虚务实，求实奋进，具备创新思维，不断创新教法，施教才能做到高屋建瓴，纵横捭阖，进而增强向师性和亲和力。

"人非圣贤，孰能无过！" "金无足赤，人无完人。"就看你能不能正视现实，有没有改过的勇气，能不能放下架子，平等对待学生。万世师表孔圣人在一千多年前就旗帜鲜明地提出了"知之为知之，不知为不知，是知也" "三人行必有我师焉"。在《两小儿辩日》一文中，孔圣人面对两个小孩子的提问，并没有不懂装懂，而是实事求是地说"不能决也！"，致使两个小孩子戏弄他说"孰为汝多知乎？"。先贤孔圣人实事求是、治学严谨的态度值得我们每一位教育工作者深思。先贤尚能如此，何况我们后生乎！

工作中，有缺点、不足并不可怕，可怕的是有错不改，自以为是，不思进取。"不积跬步，无以至千里；不积小流，无以成江海。"一个人只有虚心好学，不断增强知识积累，做到知识渊博、视野开阔、思想先进，思维才会敏捷，思路才会清晰，教学方法才能不断创新。只有不断创新教法才能引领学生从知之甚少到触类旁通，从无法到得法，才能最终实现教为了不教，由接受学习到学习的跨越，为学生终生发展奠基，实现教育的根本目的。

社会在不断向前发展，要求人类也要随着社会的发展而发展，只有这样才能适应社会，生存下去，发展下去。因此，学生需要随着社会的发展逐渐成长起来，壮大起来。作为教师，更需要不断充实自己、完善自己，时刻"充电"，同学生一起成长！"要给学生一杯水，教师要有一桶水"的说法已经与时代的发展格格不入了，教师必须拥有一溪长流水。教师只有放下架子，丢弃面子，摒弃"师道尊严"的古训，融入社会、融入生活，走进学生的视野，走入学生的心里，与学生同喜、同忧、同学习、共进步、共成长，才能适应学生，适应未来的教育事业。美好未来是属于青少年的，也是属于我们的！我们不进步难以有学生更大的进步，我们不发展难以有学生更好的发展，我们不成长难以有学生更顺利的成长。教师的无知、无能影响的将不是哪一个人，而是一代人，甚至几代人，以至整个民族的命运！师者，觉醒、奋起，与学生一起成长吧！

总之，教师要加强学习，努力探索教育教学规律，掌握教育教学技巧，为学生健康成长创设宽松、民主、和谐的氛围，走近学生，关爱每一个个体，因材施教，感受其成长。

疏导式教育应成为主流

在管理学生的过程中，教师可以采取的管理方式是多种多样的。但是，究竟应该让哪种方式成为教育主流呢？我认为，应该让疏导式教育成为主流，以确保学生能够按照学校既定的目标健康发展。然而，有相当一部分教育工作者面对学生所犯的错误，缺乏足够的经验和耐心，他们只是在发现问题后才去想着解决，以武断粗暴的方式加以处理，并将自己的意愿强加给学生，致使教育效果不尽如人意。

究其原因，是因为他们缺乏行之有效的教育方式。一是没有考虑学生的年龄特点、心理特点及其生活环境；二是没有考虑学生处在懵懂期，心理承受能力差，抗挫折、抗打击能力差，容易被不良现象迷惑的情况；三是没有按照教育规律办事，而是一厢情愿地采取了堵截式的教育方式，极力打压、阻止和遏制学生犯错误。当然，我们教育工作者的想法是好的，只是好心做了坏事。

如果把学生犯的错误看作洪水，那么当洪水泛滥时，我们采取的"堵截"式的教育方式，并不是最好的办法。"堵截的堤坝"也许暂时能够挡住洪水，能起一时之效，但是，当洪水肆虐的时候，那汹涌的不可抗拒的强大力量会顷刻间把临时"堵截的堤坝"冲垮。有经验的"治洪"专家面对汹涌的洪水，不是刻意去"堵截"，而是积极寻找"泻洪"的通道，采取一切措施进行疏导，给肆虐的洪水提供顺流而下的最佳通道，尽最大可能减少灾害。

教育工作者在教育和管理学生时，面对学生的缺点、错误，要做到以人为本，找准症结，对症下药，从源头上治理，变说教、惩罚、打压、阻止和遏制为早预防、早发现。当然，这也对教育工作者提出了更高的要求，必须懂得教育规律，掌握丰富的儿童心理学和教育学知识，能够按照教育规律办事。古代大教育家孔子就提倡"循循善诱""因材施教"的教育思想，我们应该吸取古人的教育精髓，使之成为指导我们育人工作的准则。当然，在疏导的过程中，教育工作者也不能忽视管理制度建设，要广泛征求学生的意见，构建被学生认可的、利于学生个性发展的、符合教育规律的、科学而合理的管理制度，力争做到"刚性管理"与"人文管理"相结合，用制度去约束学生，用情感去感化学生，用榜样去引导学生。同时，要加强学校心理咨询室建设，广泛开展心理咨询活动，对学生中出现的问题及时疏导。

请给每个学生获奖的机会

学期即将结束，按照惯例，一学期一次的集中评优、授奖活动就该着手进行了。我想告诉大家，请一定慎重对待评优、授奖活动！不要只表彰、肯定、激励少数学生，却导致大多数学生望"优"兴叹，丧失了进取的信心和斗志。

中小学在学期末评优、授奖的传统历史悠久，现在仍然在扎实地开展着。通过评选优秀，树立典型，鼓励先进，获奖学生得到成功的快乐，更加自信，更加发奋，也可以激励未被评选上的学生向先进看齐，奋力赶超。可是，每次评优、授奖都有一定的条条框框，只有极少数各方面表现突出的学生被评为"三好学生"或"优秀学生"。

在实施新课标的过程中，广大教育工作者或多或少地认识到了人文关怀的重要性，承认学生有差异，然而在教育上却做不到区别对待。老师的关注、肯定、赞美、鼓励，往往过多地给了优秀生，对成绩平平的学生却缺少应有的肯定和鼓励。

然而，我们不曾想过，有多少学生为获得一张奖状拼搏、奋斗，他们已经尽了最大努力，可结果并不如人愿。有多少学生为它哭过，又有多少学生面对寥寥无几的奖状跟自己说："不管你怎样努力都不行，放弃算了。"久而久之，也许他们会失去人最宝贵的特质——自信心。如果这样，那教育工作者津津乐道的集中评优、授奖活动不就成了学生健康成长历程中的"杀手"了吗？

既然评优能够调动学生不断进取的积极性，能够激发学生的内在潜能、培养学生的自信心，我们何不为所有学生都创设获优、得奖的机会呢？树立"多一把尺子就多一批好学生"的评价观，扩大评优范围，增设评优奖项，增加评优次数，尽可能多地寻找每个学生的闪光点，努力发现他们的长处并给予表扬、奖励，让每一个学生都能享受到被肯定的自豪感，体验到成功的快乐，受到激励和鼓舞，从而树立起"我能行"的自信心，超越自我，促进个体不断进步。

莫以成人的标准教育孩子

有这样一则故事，一个中国姑娘在美国人家里当保姆。一天，保姆发现孩子用蜡笔在雪白的墙上乱画，就对他大声呵斥，说他这样做是错误的。女主人回家后，保姆把小孩儿的调皮行为汇报了，说应该好好教训教训他。此时，小孩儿也来向妈妈告状，说保姆欺负他。女主人首先向保姆道歉，然后指出保姆不应呵斥孩子，并让孩子带她去看"大作"。看完后，女主人先是把孩子夸奖了一番，说他画得真好；然后告诉孩子，以后不要把画画在墙上，这样不好清理墙壁。说完，她拿出一些白纸让孩子去画。孩子高高兴兴地画画去了。

面对同一件事，中国姑娘和美国家庭的女主人所采取的策略是不同的，留给我的启示也是深刻的。我国从古至今都崇尚一种强制的教育方式，以成人的标准要求孩子、教育孩子。我们用训斥、体罚告诉孩子什么是对什么是错。但是，这些标准并不符合孩子的心理和成长规律，只会使孩子不敢脱离成人的视野、不敢去探索未知的世界、不敢大胆想象和创造。因为，他们害怕在想象和探索的过程中犯错误，这样会遭到老师和家长严惩。

事实证明，每个人都拥有自己独特的天赋。有不少孩子对某类事情有着特别的兴趣，他们就常常做这些事情，而且变着花样去做。大人发现孩子的"奇特行为"之后，如果强加干涉，必然扼杀孩子的兴趣，把他们的天赋扼杀在摇篮之中。在这方面，我有切身体会。我的儿子对植物特别感兴趣。家门口两旁的空地被他种上了大豆、南瓜、丝瓜。他一有时间便去摆弄，即便烈日当空也乐此不疲，以至忘了吃饭和写作业。我一气之下痛打了他一顿，并告诉他再也不许摆弄那些植物，有时间去读课外书。自此，儿子迫于我的管制不再摆弄那些植物了，可是对读书也产生了厌烦情绪。

很多伟大的成就都源于浓厚的兴趣。我们只有爱护和激发孩子的兴趣，挖掘他们的潜能，发展他们的天赋，他们才能慢慢成长起来。如果一味地制止孩子发展兴趣和爱好，他们长大之后也只能是一个平庸的人。回想一下我们的成长经历，我们不少天赋就是被那个保姆一样的大人扼杀了。更为可怕的是，我们长大后就忘记了童年之痛，又用相同的手段去对待下一代。就这样一代一代地延续下去，不知道什么时候才是个尽头。

我呼吁教育界同人，莫以成人的标准教育孩子！

耐心催开百花红

我们的服务对象是学生，他们来自不同的家庭，生长环境不同，年龄特点不同，个性不同，思维方式、认知能力、自我调控能力等方面均存在差异，这就势必造成千人千面，各具特点。这样一来，"问题学生"的出现就不足为怪了。

然而，面对"问题学生"，有的教师缺乏足够的信心和耐心，对其实施一两次教育后发现效果不大，便放弃教育，听之任之，致使他们学无所获，养成不良习惯。这会给他们的终生发展带来不可挽回的损失。如果这样，我们的教育工作者则严重失职。缺乏耐心和信心的教师是否有戒烟的经历，作为成年人，其戒烟的过程是那么漫长而艰难，反反复复，一而再，再而三，才能把烟戒了。何况小孩子？孩子缺乏辨别是非的能力，自制力较差，容易受外界事物的干扰和诱惑，一旦染上不良习惯就很难改掉。我们需要留给他们足够的时间，让其转化、改正的过程和空间。这时候，教师就需要以平和的心态，拿出足够的信心和耐心，对其进行教导，让他们在你的关爱中自我反省、自我警戒，并允许他们反复，在反复中改正、转化、提高、巩固，最终克服不足，改正不良习惯，健康发展。

希望每一位教育工作者在面对"问题学生"时，都能够做到有耐心、有信心，充分给予他们全程的关爱，给他们自我认识、自我警醒、自我提高、自我转化的空间和过程。如若这样，"问题学生"将会改掉自身不良习惯，健康发展。教育百花园将会姹紫嫣红，呈现出"春色满园关不住"的喜人局面。

鼓励学生大胆质疑

朋友的单位出台了一项措施，有一定指向性，多数职工有看法，我的朋友也不例外。于是，我的朋友便找到单位领导进行质疑，询问出台此项措施的初衷。领导并未作出正面解释，却说了这样一番话："国家和部门出台的政策多啦，难道各部门的职工都去质疑、干涉吗？"也许那位领导出于对下属的呵护，教育我的朋友要懂得服从，要分清上下级关系，要让他明白，给领导挑刺的人是得不到领导喜欢和欣赏的。可是，那位领导言语中带出的强大的威慑力，令人深思。

试问，一个缺乏民主、缺乏沟通、缺乏质疑精神的团队又谈何发展和进步呢？由此，我想到了面对学生的质疑，教师应该如何表现呢？是敞开胸怀接受质疑，循循善诱，不厌其烦逐一答复，给予学生赞许和鼓励，还是居高临下，置之不理，讥讽、嘲笑、挖苦学生呢？

俗话说："小疑则小进，大疑则大进。"如果有疑不质，质而不复，那该如何解决问题？如何获取新知？如何开发思维？如何开创新的局面？因此，教师应该积极鼓励学生质疑，教育学生不懂就问；鼓励学生不要迷信老师，不要迷信权威，要敢于向老师质疑、向权威挑战，真正让每个学生于质疑中获取新知，于质疑中进步、成长。

由"补球"说开去

我们经常会看到一些小学生，他们在即将完成某件事情时，往往因为认知水平受限和心理承受能力有限，导致功亏一篑。比如，美术课上，因画不好猴子的尾巴而沮丧，因折叠不出小帆船的桅杆而急躁；数学课上，因列不出数学算式而抓耳挠腮；语文课上，因写不出作文而泪流满面。在这种情况下，教师面对学生不管是不屑一顾、不分青红皂白地斥责，还是代替其去做，均不妥当。

那该怎样做呢？大家是不是对篮球比赛中精彩的"补球"很感兴趣，且经常为之鼓掌吗？那你不妨把这一招儿移植到对学生的教育中去，做学生成长过程中的"补球手"，适时为学生"补球"。著名教育家陈鹤琴曾说："小孩子极喜欢成功的。"为学生"补球"，即是教师在他们成功的道路上助他们一臂之力；在他们迷茫、困惑、百思不得其解或知难而退之际，给他们以正确的引导、帮助，为他们带去希望和信心。

爱迪生的母亲对待爱迪生就是一个鲜活的例子。爱迪生上小学时就被老师下了"头脑迟钝"的结论。而这位伟大的母亲并没有灰心，她时时在为爱迪生的学习"补球"。当爱迪生遇到数学题不会做时，他母亲说"别急"，然后启发、指点他。后来爱迪生遇到的困难，他母亲也解决不了，但他母亲总会对他说一声："孩子，试试吧，我想它难不倒你。"爱迪生在成名之后，把自己的成就归于母亲的帮助和鼓励。

但是，我们也应该注意到为学生"补球"的契机，应当选在学生冲击成功之巅最后一步受挫、经努力而未能奏效之时，或思想出了偏差、行为不当之时。作为教师，我们此时不可袖手旁观、听之任之，应及时走上前去为学生"补球"，帮其解难答疑。"补球"并不意味着我们把难事替学生做完，或者直接告诉他们结果和答案，而是给站在"岔路口"的学生以指南，给气馁的学生以信心，给屡次遭受挫折的学生以关怀和支持。"补球"可以是一声"某某同学，遇到困难了吗"的询问，也可以是适时的勉励和赞扬，甚至可以是令学生意会而倍受鼓舞的一个眼神。"补球"，就是引导学生将求知之舟划入成功彼岸的港口。学生画不好猴子的尾巴，你去引导他们回忆猴子尾巴的特征；列不出数学算式，你给予耐心讲解；写不出作文,你帮助他们审题、选材,引导其去观察;思想上有困惑,你给予点拨……经过你的努力,让他们获得成功,充满自信。

在学生需要关注时置若罔闻,则是我们的失职,而代替学生"投球"只能助长他们的惰性。"补球"的效应在于鼓舞学生的士气,并使其受到解惑解忧的启迪。希望我们每一位担负教育学生使命的教育工作者都能成为一个出色的"补球手",让我们的下一代都能够顺利地、充满信心地驶向成功的彼岸,成为适应社会的人格健全的有用之才。

外教的礼物

某校聘请了一位外教教学生口语。日子久了,一位老师便发现一个有趣的现象:总有学生给外教送礼物,却很少见外教主动给别人送礼物。

一次,外教买回一大袋小地球仪,准备当奖品发给学生。一位老师的孩子看见了,便想让外教送他一个玩玩儿。外教不肯。孩子就把当老师的妈妈请来。孩子的妈妈不好意思开口,便让与外教一个办公室的同事去说。那位同事对外教说:"这是本校老师的孩子,你送他一个吧,反正你的地球仪最后都要送出去的。"外教仍然不肯。那位同事开导外教说:"中国是礼仪之邦,中国人讲究一个'情'字,送礼是联络感情的一种重要方式。你在中国任教,就要入乡随俗。一个小地球仪不值什么钱,但作为礼品送出去,那就是礼轻情意重。"说到这个份上,外教仍坚定地摇着头。那位同事生气地说:"你真不给面子,一个小地球仪值多少钱?!现在人家求到我,你不给,人家就会认为我没有尽力。"外教想了想,说:"你让那个小孩儿说五个单词,我就给他一个。"这不是成心难为人吗?一个上幼儿园的小孩儿,哪会说什么英语?但是,既然外教答应送了,那就赶紧想办法吧。好在小孩儿很伶俐,一学就会,不到五分钟,全会说了。这下,外教除了送他一个地球仪，还高兴地亲了亲小孩儿的脸蛋。外教的做法让人很纳闷。

后来，外教一番意味深长的话让所有的人豁然开朗。他说："白送东西给人，是对人的一种侮辱，因为'送'就是施舍，即把对方当成乞丐，而那小孩儿很可爱，绝不应该侮辱他。只有在别人取得成绩时，我们才能把东西奖给他，这是对人的一种鼓励。作为一个教师永远只能'奖'，而不能'送'，否则就违背了一个教育工作者应该坚守的原则。"外教的话能不给我们深刻的启迪，能不使我们从心底里产生对他的敬意吗？如今，过分的夸奖、表扬，过度的物资和精神施舍充斥着教育教学活动的始终，让学生迷失了方向、迷失了自我，让他们孤芳自赏、不求进取。我们应该像外教一样，坚决抵制、拒绝无原则的奖励和激励，让每一个学生只有在取得成绩、有了明显进步时才能享受精神的鼓励和物资的奖励。如此，才能不违背教育的原则。

神奇的小黑板

乍一看题目，你们会以为小黑板有什么特别之处。其实不然，它只是我教学用的教具——一块极其普通的小黑板。但正是这块普通的小黑板帮了我的大忙，改变了一个孩子。

事情的经过是这样的。一年前，我接手了现在所教的班。接班时，原班主任告诉我班里有个名叫辛刚的学生特别不守纪律，他总是惹是生非，一定不要给他好脸色，否则就管不了他了！果真如原班主任反映的那样，辛刚不是故意迟到，就是上课大呼小叫，不是打搅左邻右舍听课，就是故意接老师的话茬儿。每当这时，我就用眼瞪他。他有时举手想回答问题，我也是故意装着看不见，让他猜不透我的心思。

一天，他又高高举起了手，我没有理他。他翘起屁股、躬起身子想引起我的注意。我仍然没有理他。这下他可急了，大叫起来："老师，我有问题提出来，你为什么不找我？你偏向！"是气愤？是委屈？教室里顿时炸开了锅。学生的目光一会儿投向辛刚，一会儿投向我，其间还夹杂着窃窃私语。学生的注意力被严重分散，教学秩序一片混乱。我急了，红着脸大吼："辛刚，你不想听课就出去！"辛刚也不示弱："你有什么资格让我出去，我就不出去，看你怎么办？"我的肺几乎要炸了，使劲儿克制自己的情绪，竭力使自己冷静下来：辛刚说得对呀，我哪有权利让他出去，在课堂里听课是他的权利呀！我庆幸自己的理智战胜了冲动。这堂课就在不愉快中过去了。

回到办公室，我的心情特别沉重，心里像打翻了五味瓶，呆坐在办公桌前。忽然，我的视线停在了教学用的小黑板上，一个念头从脑中闪过。辛刚不是好出风头，想引起别人的注意吗？他得不到回答问题的机会就急，这不是说明他想引起老师的重视，想在老师的心目中有地位吗？他能积极举手，这不是说明他有进取的欲望吗？就这样办。

下午上课，我走进教室，在师生互致问候之后，说："辛刚同学，请到前面来，好吗？"同学们都向他投去疑惑的目光。辛刚更是丈二和尚——摸不着头脑。他极不情愿地站起来，慢吞吞地走到我的面前。此时，我心里十分清楚：全体同学包括辛刚都认为我因为上节课上发生的事要惩治辛刚。看着辛刚疑惑的表情，我故意俯下身子，用手摸着辛刚的头说："你看我的记性多不好，把写有这节课教学内容的小黑板忘在了办公室，你能帮我拿来吗？"辛刚听了我的话，马上挺直了腰，看了看我，又扭头转向同学们，露出得意的神情，紧接着飞也似的跑出去了。不到两分钟，他取回了小黑板。放下小黑板后，他冲着同学们挥了挥手，甭提多神气啦。他此时的内心活动我最清楚不过了。这节课，辛刚听得特别入神，坐得特别端正。下课了，他还端正地坐在座位上。像平时，老师还没有走出教室，他早已蹿到走廊上了。

从此，每到我的课，上课前五分钟，他便会到办公室问我要不要拿小黑板，从不间断。课上，他注意力集中，热情高涨；下课后，他总会和其他同学一块儿围在我身边，问这问那。如今，不守纪律、惹是生非的坏毛病在他身上消失了，他的学习成绩有了明显提高。上学期末，辛刚获得了学习进步奖和爱心队员奖。这学期还被同学们推选为劳动委员呢。

你能说这块小黑板不神奇吗？

诱　　惑

张浩勤快，有"眼色"了！这是他最近给我留下的印象。原先那个懒散、胡吹大侃、出尽风头的张浩在我脑海里消失了。这一切都源于劳动委员一职的诱惑。

卫生大扫除时，绝大多数同学都在努力地清除杂草，忙得不可开交，张浩却在戏弄同学，甚至躲到树荫下乘凉。班长批评他，他却不理不睬。同学们极为不满。张浩懒散、胡吹大侃，在班级内已经出了名，早已不得人心。我多次同他谈心却收效甚微。如何帮他改正不良习惯？看着他那丑态百出的样子，听着大多数同学的窃窃私语，我在想：他是不是故意的？我马上来了灵感：给他班干部的职位让他承担责任，也许会改变他。可是不能马上给他呀！要先观察一下他是否有这方面的意愿。于是，我冲着同学们说："期中考试后咱们要改选班干部，首要的条件是看同学们平时的表现。"我顿了顿，接着补充说："尤其是劳动委员一职，这次卫生大扫除的表现十分关键！"然后，我又冲着张浩说："有兴趣吗？表现表现！说不定大家会选你！"张浩听了我的话，急忙跑过来，急切地问："老师，真的吗？我能行吗？"此时，我心里有了底，终于弄明白了张浩内心的想法。我故意提高嗓门说："真的，你能行！就看你如何表现了！"

这一招着实灵验，张浩来了个三百六十度的大转变。他争着除草，抢着运送草，干劲十足，大滴大滴的汗珠顺着脸颊往下流都顾不得擦，与先前形成鲜明对比。清除完杂草，清扫教室。出于对学生安全的考虑，我没有让他们擦玻璃。其他同学干完我分配的任务纷纷走出教室去玩耍了，只有张浩跟在我身边擦玻璃，一会儿端水，一会儿冲洗抹布，"服务"特别周到。每隔一段时间，他便说："老师，需要做什么你告诉我，我来帮你干。"听着他诚恳的话语，看着他殷勤的表现，我在心底里为他的变化高兴。玻璃全部擦完了，张浩又一次对我说："老师，以后学校分给咱们班什么任务，你告诉我，我带领大家完成！"

班委会改选还需观察一段时间再进行，我深信张浩同学一定不会辜负我的期望，一定会因其优秀的表现被大家推选为劳动委员。我也相信张浩会更好地为班级服务，当好老师的助手！

我欣喜自己选准了转变张浩的教育契机。

玻璃打碎了之后

上午第三节课离下课还有不到五分钟，班长赵亮急匆匆地跑到办公室向我报告："教室对过走廊上的玻璃被人打碎了，可是没有人承认。这块玻璃由谁来负责镶上呢？"听了赵亮的报告，我意识到问题的严重性，马上来到了教室。

经过明察暗访，我把目标锁定在刘洋身上。我悄悄询问刘洋，他没有承认。于是，我把他叫到办公室，心平气和地同他谈心，他仍然不承认。他声称只要有人作证，就镶玻璃，没有人作证，就不管。我心里明白，刘洋长得结实，平时又好斗，班里同学都怕他三分，他知道其他同学迫于他的威力是不敢做证的。事实也的确如此。当我在班里询问打碎玻璃这件事的时候，竟没有一个人吭声。但是，我又不能强迫他承认，只有以理服人才行。学校有规定，无论哪个班级无故损坏玻璃，学校不负责维修，由班级责成责任人赔偿，否则在团队考核中扣班级量化分。怎么办？我掏钱请工人镶上也可以。但是，如果今后再发生类似的事情，又该怎么办？

此时，我心生一计。若计不成，我再掏钱镶玻璃也不晚。于是，我当着全班同学的面说："咱们班责任区的玻璃坏了，如今找不到事故责任人，学校又不负责，为了班级集体荣誉，咱们该怎么办？"一石激起千层浪，有的说继续找责任人，有的说咱们大伙凑钱镶上玻璃，有的说我们暗中调查，非找出责任人不可。这时，被同学们称为"智多星"的闫文泰站起来，大声说："这些办法都不可取，不要再议论了，我有办法，保证下午就把玻璃镶上。"看着闫文泰那自信的神情，我将信将疑，让同学们停止了议论，等待着下午奇迹的发生。

下午上课时，我发现教室对过走廊上的玻璃已经镶上了。针对这一关心集体、珍惜集体荣誉的做法，我大加赞扬，号召全班同学都要向这名同学学习，并特意指出，不要向打碎玻璃的同学那样不诚实，不敢承认错误。说这些话时，我特意瞅了瞅刘洋，只见他的脸红一阵、青一阵。令我没有想到的是，下课后我刚走回办公室，刘洋便尾随而来，流着泪主动承认了错误，并信誓旦旦地说第二天带来钱给老师，让老师替他把钱转给镶玻璃的同学。面对刘洋同学的转变，我欣喜万分，适时地给予了表扬和教育。最后，他心服口服地离开了办公室。

看着刘洋离去的背影，我十分欣慰。没有暴风骤雨，没有电闪雷鸣，没有惊涛骇浪，不需多费口舌，不需动用武力，不靠强制手段，一个棘手的问题便迎刃而解了。更为重要的是，这件事教育了全班的学生，让他们懂得了应该知错就改，勇于承担责任，做一个诚实的孩子，应该关心集体，珍惜集体荣誉。

错误也是一种美丽

小学生犯错误司空见惯。天真无邪、活泼好动的少年儿童如果不犯错误，那才是不正常呢！那么，我们该怎么看待学生犯错误呢？我认为学生犯错误也是一种美丽，因为错误是育人的良机。

在这方面，课文《母亲的账单》中的那位母亲为我们做了很好的榜样。这位母亲的儿子叫彼得，他经常帮母亲做些家务。有一天，彼得得意地向母亲列了一张索取报酬的账单，上面写着母亲欠彼得如下款项：

取回生活用品　　20 芬尼

把挂号件送往邮局　　10 芬尼

在花园帮助大人干活　　20 芬尼

彼得一直是个听话的孩子　　10 芬尼

共计：60 芬尼。

母亲看过账单后，什么也没有说。她也给彼得开了一张账单，上面写道：

在她家里过的十年幸福生活　　0 芬尼

他十年中的吃喝　　0 芬尼

在他生病时的护理　　0 芬尼

他一直有一个慈爱的母亲　　0 芬尼

共计：0 芬尼。

看到母亲这张特殊的账单，彼得十分羞愧。他把小脸蛋深深地埋进母亲的怀里。

彼得母亲处理这件事的手法是高明的。她不仅知道犯错误对孩子来说是正常的，而且知道应抓住这个良机正确施教。这个故事启发我们，在学生犯错误时，老师应该冷静自持，耐心寻找正确的方法和途径，努力使问题向好的方面转化。此时正确的疏导教育，极容易在学生心里产生共鸣，其爆发出的知错改错的力量是难以估量的。

伟大的革命导师列宁的母亲，也是一个在孩子犯错误时寻机施教的好手。一次，列宁跟妈妈到姑妈家做客。在捉迷藏时，列宁不慎把一个花瓶打碎了。面对母亲的追问，当时列宁没有承认。列宁的母亲虽然从儿子的慌乱中看出了蛛丝马迹，但她没有当面揭穿列宁的谎言。她默默地等待着。时间一天天过去，事情好像已被人们忘记，但向来诚实的列宁却为自己的错误愈来愈不安。一天晚上，列宁躺在床上，辗转反侧，难以入眠。列宁的母亲觉得是时候了。她来到列宁床前，轻轻地抚摸列宁的头。列宁再也忍受不了说谎的痛苦。他猛然扑进母亲的怀里，哽咽着说："妈妈，我欺骗了姑妈，花瓶是我打碎的。"

列宁的母亲宽心地笑了，说："孩子，明天我就写信给你的姑妈，她会原谅你的。"

这个例子又启发我们，在学生犯错误时，寻机施教，教师应有足够的耐心，做到适时而发。大家想想，若是列宁的母亲当众揭开列宁的谎言，并对其进行责备，或许列宁也能接受，但效果远没有上面那种做法好，对列宁心灵的触动更没有上面那样深。

作为教师，我们要在爱的原野上开拓富饶的田园，为学生的未来辛勤耕耘。我们不要一发现花朵上有了害虫就以为无药可治，也不要怕伤害花朵而不去除掉害虫。请不要漠视他们犯错误，慎重地对待他们每一次所犯的错误，让他们健康成长。

送人玫瑰，留有余香

　　《思维与智慧》杂志上刊登了《照亮别人》这篇文章。其大概内容是：有一位盲人在夜晚走路的时候，手里总是提着一个明亮的灯笼。别人看了很好奇，就问他："你自己看不见，为什么还要提灯笼走路？"那盲人满心欢喜地说："我提灯笼并不是为自己照路，而是给别人提供光明，帮助别人。如此一来，别人也容易看到我，不会误撞到我。这样，我就可以保护自己的安全，也等于帮助自己。"

　　这位盲人的话多么富有哲理啊！盲人提着这个明亮的灯笼，尽管不能给自己照路，但是能给别人提供光明，帮助别人。这种行为表面上看是多此一举，事实上是，他深谙"送人玫瑰，留有余香"的道理。他是在用明亮的灯光吸引他人的注意，警示他人前面有人。这盏灯，在照亮别人的同时给自己带来方便。也就是盲人用自己的行为影响他人，改变他人。

　　这则故事寓意深刻，对老师不是有很强的指导、借鉴作用吗？面对我们的教育对象，如果总是这也看不上，那也不顺眼，满腹牢骚，横眉冷对，百般挑剔，他们会喜欢你、亲近你、接受你、学习你吗？事实告诉我们，绝对不会！面对我们的教育对象，尤其是有缺点、容易犯错误的学生，我们不能讽刺打击，听之任之，要主动对他们进行耐心的说服教育，尽可能地去发现他们身上的闪光点并及时给予表扬、给予鼓励；平时要积极主动地多与他们接触，多与他们交流、谈心，关注他们的喜怒哀乐，了解他们的内心世界，在他们成长的道路上以饱满的热情去关心他们、爱护他们、启示他们、引领他们、教育他们。那么，我们的教育必将会是另一片天地。

　　教师的言谈举止、对学生的态度和做法将直接影响着学生接受教育的态度和自己施教的成败，在教师为学生付出心血的同时，他们也会茁壮成长！

情绪是可以传染的

近日，读了这样一则故事：那天，我站在一个珠宝店的柜台前，把一个装有几本书的包放在旁边。当我挑选珠宝的时候，一个衣着讲究、仪表堂堂的男士也过去看珠宝。我礼貌地把我的包移开。但这个人却愤怒地瞪着我，告诉我他是一个正人君子，绝对无意偷我的包。他像受了极大的侮辱，重重地把门关上，走出了珠宝店。"哼，神经病！"莫名其妙地被人错怪，我也很生气，再没心思看珠宝，出门开车回家了。马路上的车像一条条巨大而蠢笨的毛毛虫缓慢地蠕动着。看着前后左右的车，我就生气：哪来的这么多车，哪来的这些臭司机，简直不会开车；那家伙开那么快，不要命了；这家伙开这么慢，怎么学的车，真该扣他教练的奖金……后来，我与一辆大卡车同时到达一个交叉路口。我想：这家伙仗着他的车大，一定会冲过去。当我下意识地准备减速让行时，卡车却先减速，司机将头伸出窗外，向我招招手，示意我先过去，脸上露出愉快的笑容。我将车子开过路口，满腔的不愉快突然无影无踪，心胸豁然开朗了。珠宝店里的男士不知在哪儿受了气，又把这种情绪传染给了我，带上这种情绪，我眼中的世界都充满了敌意。仿佛每件事、每个人都在和我作对。而卡车司机用灿烂的笑容，用他的好心情消除了我的敌意。

情绪是可以传染的。教师在工作和生活中遇到烦心事、伤心事，受到批评、指责时所产生的不良情绪以及个人的好恶，如果被带进课堂，带入教育活动中，暴露于学生面前，必将传染给学生。希望每一位教师都能够养成豁达的性格、健全的人格，不论在任何情况下都能够用微笑面对学生，把良好的情绪传染给学生，以积极的情绪影响学生、感染学生、改变学生！只有教师有了愉快的心情，才能创造和谐的人际氛围，才能激发人的创造潜能，才能绽放人性的光辉，才能培育学生健全的人格。

没有天生的天才

绳锯木断，水滴石穿。实践证明，任何人做任何事，取得成功都不是侥幸和偶然，贵在持之以恒。对于处在学习阶段的广大青少年来说，实现人生梦想贵在有恒。

纵观历史，杰出人物伟大成就的取得，均得益于有恒心。明朝著名医药学家李时珍，读万卷书、行万里路、穷搜博采，历时三十余载，终于写成《本草纲目》一书，对我国医药事业作出了杰出贡献。明末史学家谈迁精研历史，历经二十余年才完成明编年史《国榷》，后来却被小偷偷走，二十年的心血转眼化为乌有。面对沉重的打击，年过六旬的谈迁没有一蹶不振，又经过十年的努力，新的《国榷》问世了，它比原稿更详尽、更完善。

他们这种几十年如一日的执着，百折不挠的毅力、孜孜以求的奋斗，体现出人类最宝贵的品质——恒。恒，是一种态度，一种即便经历了无数次失败依然永不言弃的执着，一种"抓铁留痕、踏石留印"的韧劲，一种坚信"锲而不舍，金石可镂"的坚毅，一种志在必得的信念，一种坚如磐石的意志。它使人斗志昂扬，奋发向上，它激发人咬定目标不放松，不达目的不罢休，无怨无悔地付出，孜孜不懈地追求。

俄国化学家门捷列夫说过，天才只意味着终生奋斗。没有天生的天才，一切伟大的事业是靠恒心而不是一时的心血来潮，成功的奥妙在于坚持不懈地奔向奋斗目标。学习亦是如此，持之以恒比起一时的拼搏，效果要好得多。实现我们美好的人生梦想更是如此，瞄准目标，持之以恒，坚持不懈，必定会收获希望和成功。

总之，只要我们积极进取，一步一个脚印，勇往直前，以勤奋做舟，用恒心做桨，相信我们一定能够到达成功的彼岸，一定能够实现我们美好的人生理想。

学生的梦想不是"F"而是"A"

比尔·克利亚是美国犹他州的一位中学教师。有一次他给学生布置了一项作业，要求学生就自己的理想写一篇作文。

一个名叫蒙迪·罗伯特的学生写到半夜，写了7大张，详尽地描述了自己的梦想：将来拥有一个牧马场。他画了一幅占地200英亩的牧马场示意图，有马棚、跑道和种植园，还有房屋建筑和室内平面设计画。

第二天，他兴冲冲地将这份作业交给了老师。然而作业批回来的时候，克利亚老师在第一页的右上角打了个大大的"F"（差），并让蒙迪·罗伯特去找他。

下课后，蒙迪去找他的老师克里亚，问道："我为什么只得了个'F'？"

克利亚老师打量了一下眼前的毛头小子，认真地说："蒙迪，我承认你这篇作文写得很认真，但是你的理想离现实太远，太不切实际了。要知道你父亲只是一个驯马师，你们连固定的家都没有，还经常搬迁，根本没有什么资本；而要拥有一个牧马场，得要很多的钱，你能有那么多的钱吗？"克利亚老师最后说，如果蒙迪愿重写这篇作文，确定一个现实一些的目标，可以重新给他打分。

蒙迪拿回自己的作文，去问父亲。父亲摸摸儿子的头，说："孩子，你自己拿主意吧，不过，这个决定对你来说很重要！"

蒙迪一直保存着这篇作文，上面的"F"依然很大很刺眼。正是这篇作文鼓励着蒙迪，一步一个脚印地开启创业的征程。多年后，蒙迪·罗伯特如愿以偿，实现了自己的梦想。

而当比尔·克利亚老师带着他的 30 名学生踏进这个占地 200 多英亩的牧马场时，他流下了泪水。

故事虽短，带给我们的震撼却是强烈的。在克利亚老师看来，凭着蒙迪·罗伯特父亲的工作和家境，蒙迪的理想离现实太远，太不切实际了，无论如何是实现不了的。然而，事实并非如此，蒙迪·罗伯特最终取得了成功。蒙迪·罗伯特能实现中学时的梦想，除了他的坚韧和勇敢，与他父亲对他的理解、尊重、信任，以及给予他正确的点拨、引导不无关系。

作为老师，我们应该珍视学生的梦想并小心翼翼地呵护，应该理解、尊重、信任学生，为他们实现心中五彩的梦铺平道路，呐喊助威；切不可让学生失去信心，让他的梦在中途破灭。学生的梦想不是"F"而是"A"。

乔丹老师对玛莉的惩罚

《读者文摘》曾刊登过美国黑人女教育家玛莉·麦克里欧德·贝颂的一篇文章。玛莉在文章中谈到了老师乔丹对她的一次惩罚。

一天正在上英语课，玛莉和同学毫无顾忌地说起话来。乔丹老师发现后，以严肃的口吻对玛莉说："下课后来见我。"玛莉忐忑不安地去见乔丹老师，准备接受严厉的惩罚。出人意料，乔丹老师的态度很温和，只是语气非常坚定地说："我要罚你写 1000 字的文章，讨论教育及其对经济的影响。"

三天后，玛莉按时把写好的文章交了上去，乔丹老师看了之后，把文章退回，要求玛莉重写。如此反复六回。直到乔丹老师完看文章后露出了满意的笑容，并推荐她参加全市的征文比赛。

三个月后，乔丹老师高兴地在全班宣布了玛莉征文得奖的消息。这是玛莉平生第一次得奖，也是她平生受益最深的一次惩罚。

《乔丹老师的惩罚》读来令人耳目一新，并为之动容。作为一个老师，对有过失的学生的惩罚可能不止一次，但像乔丹老师那样惩罚的却不多见。乔丹老师的惩罚好就好在她对学生有着满腔理智的爱，始终把惩罚作为学生成才与进步的契机。乔丹老师深藏于内的是火热的爱心和渴望成材的希冀，他的惩罚看似脱口而出，实则出自对玛莉的深刻了解，这也是乔丹老师刻意选择的结果。这种建立在理解、信任和爱护基础上的惩罚，对玛莉的心灵该有着多么大的震撼啊！它鼓舞和鞭策着玛莉内省、慎独，一步一步走向成功，走向完美，并创造奇迹。事实上，玛莉在这次惩罚后不仅迅速改正了错误，还迷恋上了写作和教育，为她今后的事业打下了良好的基础。

乔丹老师对玛莉的惩罚是一面镜子，值得每一位老师深思和借鉴。

由张良尊师想到的

近日读《史记·留侯世家》，对其中张良尊师成材的故事很感兴趣，颇有感慨。故事大意是这样的——

一天，张良去街上闲逛，碰到一个穿着破烂的老人。老人故意把鞋子掉到了桥下，让张良去取。张良看到老人不以为然的样子很愕然，考虑到他年岁大了，便去拾了。谁知老人不知足，竟把自己的脚伸过来，让张良给他穿上鞋子。张良虽心存异议，但是考虑到要把好事做到底，便照办了。老人很高兴，说："孺子可教，五天后黎明时分你在此等我，我有重要的事找你，一定要来哟！"说完便走了。

五天后，张良如约前往，可老人早到了。老人说："与老人约会，你怎么可以晚到呢？"并让张良五天后再早来。谁知，张良那天鸡鸣时分赶到时，老人已经坐在那里悠闲地抽烟了！张良很懊悔。老人提出五天后再见。五天后，张良半夜动身前往，终于赶在老人前面一步。老人大喜，遂交给了张良一件宝物——《太公兵法》，并告诉张良，读了此书一定会成为统率大军的王侯将相。自此，张良熟读这部兵法，虚心学习，潜心研究，终于成为一世英才。

读到这里我们不难看出，张良的成材与他尊敬长辈、诚信求学、以信取信是分不开的。在古代，大多数身怀绝技的大师在选择传人或者接收徒弟的时候，均先从其品行上去考查、考验，认为具备了自己的要求和条件，然后才接纳为弟子。上述故事中的张良尊敬长辈、诚信求学，最终得到了那位老人的认可。而老人传其稀世兵法，造就了一代英豪。联系我们当今的教育教学工作实际和所面对的教育对象的实际，如果让我们这些师者去效仿那位老人，未必行得通。我们都像那位老人一样去选拔和对待学生，如今的学生又有几人理会你？他们不弃你而去才怪呢！不是吗？当今的"张良"正走自己的路，你让他去拾鞋子，他肯做吗？若再让他给穿上，他会不会骂声"你这个不识相的糟老头子，有神经病……"至于后来，即使去赴约，如果你有意试探，故意刁难，让他一等再等，他会不会半途走掉，不买你的账？

"人不能皆好学，必待教而后学"。孙中山这句话分析得很中肯。"玉不琢，不成器。"经过老师的指教，学生才能变得好学上进、谦逊、诚信、务实。所以，老师对学生应宽而待之，爱而教之，不挑剔，少责难，以耐心、爱心和信心悉心培育、呵护，使每一个学生都接纳你、信任你、亲近你、佩服你、仰慕你、学习你，在你的引导下不断进取，孜孜以求，充实自我，完善自我，最终成为有用之才。

"口哨"风波

这节课安排学生做作业，布置完作业，我就捧起教科书看起来。教室内很静，只听见学生写字的沙沙声。忽然，从教室的后面传来两声像口哨的声音，我抬头巡视了一番，没有发现目标。考虑到不能影响大家学习，我没有追究下去。

隔了一会儿，哨声又响起来。这不是存心捣乱吗？这不影响其他同学学习吗？我满肚子的火气冲到喉咙，怒不可遏地冲到教室中央，要找到制造声音的人狠狠教训一番。

"是谁吹的口哨？请主动站起来承认错误，否则老师决不客气！"我提醒学生。时间一分一秒过去了，大家都停下了手中的笔，屏息凝视，等着"看好戏"。又过了一会儿，仍然没有人承认错误。我的目光不住地在发出声音的地方扫射，竭力想找出那个人。此时，只见张宁一会儿低下头，一会儿瞅瞅我。我暗自思忖，一定是他，他经常作恶作剧，如今又心神不定，不是他还能是谁呢？看样子他要等着我给他点儿颜色看看，不然的话，为什么不主动承认错误呢？

我主意已定，大声喝道："张宁，是你干的吧！为什么不敢承认错误呢？大丈夫敢做敢当，你呢？"

"老师，不是我干的，你冤枉我了！"他理直气壮地分辩道。

"不是你还能是谁？我分明听出声音是从你那儿传来的！"我边说边用眼狠狠地瞪他。

"我的同桌能证明不是我，不信你问他。"张宁有点儿急了，大声嚷着，他几乎跳起来。

看到他大喊，我就更生气了，便走近说："张宁，承认错误是诚实的表现，是你就敢于承认，干吗狡辩呢？"

我和张宁僵持着。其他学生开始议论，"赶快承认吧，别影响我们学习！""胆小鬼，敢做不敢当！""若是我，我早就承认了！"……突然，一向遵守纪律的侯志永站起来嗫嚅着说："老师，不要询问张宁了，是我干的。我的钢笔帽进了墨水，是我用嘴吹笔帽里的墨水发出的声音。"

啊！果真不是张宁，我简直不敢相信自己的耳朵。我怔住了。

此时，张宁大声喊道："老师，你诬赖我，请向我道歉！"

道歉？向学生道歉，我还从未做过。给学生道歉，不是有失老师的身份吗？怎么办？是维护师表形象，还是……我脑子里乱作一团麻。全体学生望着我，张宁还等待着我给他一个说法呢。

我时刻要求学生要诚实，有错要主动承认，并积极改正。可是今天，这事却临到我的头上。不给张宁道歉，今后怎么教育自己的学生呢？学生还会信服老师吗？我犹豫了一会儿，走回讲台，面向全体学生郑重其事地说："张宁同学，老师向你道歉，是老师的主观臆断使你蒙受不白之冤，使你遭受了莫大的委屈，请你原谅老师！"张宁听到我向他道歉，直搓双手，不知如何是好。其他同学不约而同地鼓起掌，掌声经久不息。

"口哨"风波终于平息了，教室又恢复了平静。学生的学习劲头更足了，可我的心里却极其不平静。

老师只是年龄上与学生不同，知识多寡上有别，在人格上和学生是平等的。只有充分尊重学生、信任学生、关心学生、爱护学生，俯下身子平视学生，才能拉近与他们的关系，才能真正走进他们的心里，赢得他们的信任，他们才会接纳你、包容你、尊敬你、学习你。

感谢张宁，是他给我上了一堂生动的、令我终生难忘的课，是他促使我重新审视新课程理念下的师生关系，是他让我真正明白了老师和学生在人格上永远是平等的，不能以强者自居、藐视学生的尊严！

《大染缸》给我们的启示

近日，我读了《大染缸》这则短文。大意是这样的：有一天，墨子率领他的学生经过一家染厂，看到主人把一缕一缕洁白的丝放进缸里。白丝立即变了颜色。墨子看了，感慨地说："丝本来是多么纯洁呀，可是放到红色的染缸里，就变成红色；放到蓝色的染缸里，就变成蓝色。我们人在一出生的时候不也是很纯洁吗？可是却因为后天的影响，就变得形形色色，成为各种各样不同的人了。"

读完短文，我不禁想起母亲经常挂在嘴边，教育我们兄妹时说的口头禅："染缸里是倒不出白丝的！"母亲她老人家虽然没有读过书，可她却一直用从祖辈那儿秉承下来的文化教育我们，时时敦促、告诫她的子女从小要远离坏人、远离不良习气、远离不良环境。我打心底里佩服先哲的远见和睿智。是呀！每一个天真无邪的少年都是一缕纯洁的白丝，而环境是一个大染缸，好的环境就像一个色彩明朗的染缸，染出来的丝明艳耀眼；不好的环境却像一个色彩混浊的染缸，染出来的丝暗淡无光。丝一经染过，再怎么洗也不能恢复本色了。少年也是一样，一旦在不好的环境里学坏了，想要再改过来就不容易了。所以，我们要让他们从小就远离那些容易使他们变坏的环境。

环境对人的影响是巨大的、深远的。古往今来，环境改变人的例子不胜枚举。孟母三次择邻使贪玩、不知学习的孟子成为历史上有影响的思想家；李白从小任性、放纵，经常逃学，当看到河边的一位婆婆把铁杵磨成绣花针后，深受启发，最终发奋学习成为一代文学史上的巨匠。

由此，教育主管部门、学校，以及每一位教育工作者都应该努力为少年营造健康、和谐、文明、积极向上的学习和生活环境。

首先加强校园文化建设，为学生创造和谐、文明的内部环境。用良好的校风对学生进行潜移默化的影响；用严格的校纪规范、约束学生的行为；用优美的校园环境、健全的教学设施、和谐的文化氛围激发学生的内驱力，主动地去完善自我、塑造自我；用教师良好的学识、人品影响学生，外塑内化。其次，教育主管部门应该积极联合公安、文化、司法、稽查、工商、食品监督等部门，治理学校周边环境，把影响学生身心健康的网吧、游戏厅、台球室、无证经营的小摊点等彻底清除。

请社会各界共同努力，为少年营造一个健康成长的环境吧！

父亲的教诲

已经两个星期没有回家了。双休日一到，我便骑上自行车匆匆赶回家。冬天是农闲季节，父亲没事做，闲在家里。

父亲见我是一个人回来的，就问："你一个人来的，我的孙子怎么没有来？"

"在家做作业呢，不能来。"我向父亲解释。

父亲听说他的孙子在家学习，很是高兴，接着又问："这次期中考试有进步吗？"

我唉声叹气地说："不理想，这段时间气死我了！"

"成绩好坏没有关系，只要他尽力了，就不必责怪他。千万不能训斥、打骂他。"父亲严肃地对我说。

因为父亲知道我经常为孩子的学习着急，对孩子不是训就是打。他的孙子不得好日子过，他十分担心。

看我不作声，父亲猜个十之八九。他老人家打开了话匣子："每个孩子的天分不一样，悟性不一样，只要他尽到个人的努力，就不要责备求全；只要他有一个好的学习习惯，会逐渐有所改变的。千万不要盲目攀比！你自己的孩子你还不了解吗？"父亲顿了顿，接着说："咱生在农村，长在农村、没有多大本事，收入又不高，孩子降生在咱们家，本来就受苦了，你再摧残他、折磨他，他还有欢乐可言吗？他怎么会有自信呢？他童年的幸福又在哪里呢？就拿你说吧，你们姊妹六人，对于你们的学习我从未苛刻要求，你不是一样考上大学，找到工作了吗？每个人都有自己的生存之道，他自会通过努力找到谋生之路的，不要杞人忧天、拔苗助长！"

听了父亲的话，我为自己的行为感到汗颜。我本人就是一位教师，懂得一些教育规律,对待学生有足够的耐心,能想方设法鼓励每一个学生进步,积极寻找他们的闪光点并给予表扬,培养他们的自信心。可对自己的孩子却恨铁不成钢,缺乏足够的耐心和细心,违背孩子的心理特点、认知特点和成长规律,动辄训斥、打骂。孩子每天战战兢兢,如履薄冰,学习不仅没有进步,还养成了浮躁的毛病,学习上对家长的依赖性特别严重。

由是观之,我真该好好地反思一下自己了。我的父亲已经六十多岁了,是一位普通的农民,接受的是 20 世纪 50 年代的教育,他说的话虽然没有高深的理论,可他对于孩子的教育却有着独特的见解。他是那么懂孩子、理解孩子、关心孩子、疼爱孩子。而我呢? 只知一味地要高分,压抑孩子的个性,折磨孩子的精神和肉体。回想孩子每次挨训、挨揍的恐惧神情,我深感惭愧和内疚。我能给予孩子什么呢?

父亲,您的胸怀是博大的,您的爱是无私的,您对六个子女倾注了无限爱心,给了我们童年的欢乐,给了我们走向人生的自信。我一定聆听您的教诲,承袭您的秉性,给孩子一个欢乐、自信、和谐的童年。

"横哥"给了我信心

新学期接手了新班级。班里有一个平时横儿吧唧、喜欢惹事、被同学们称为"横哥"的学生,令我很头疼。近两个月来,我接连不断地接到师生们的投诉:"横哥"用桌子挤前面的同学、往别人身上洒墨水、在校外墙上写脏话、打伤与他争乒乓球台的同学、给老师起绰号……每次接到投诉,我都与他促膝谈心,向他讲清利害关系,进行有礼有节的开导教育,可是效果不佳。转眼工夫,我的谆谆教诲就被他抛到了九霄云外。他依然我行我素。

面对如此冥顽不化的学生,我很郁闷,很无奈,也很担忧。应该采取怎样的教育手段呢? 如何教育转化呢? 我苦苦地寻觅着有针对性的教育方法。教育契机终于来了。一天下午的活动课上，在乒乓球活动场地上，我突然发现了什么。班里酷爱乒乓球的男同学正在他的指挥下比赛。平时乱糟糟、你争我抢的现象不见了，比赛秩序井然。我看在眼里，记在心里。待到周一召开主题队会的时候，我向全班同学讲述了我看到的现象，特地表扬了"横哥"维持乒乓球比赛秩序，解决了连校长都发愁的抢球台问题。果然奏效，平时总是什么都不在乎的他竟破天荒地眼睛发亮、脸儿微红。于是，我又不失时机地与他进行了一次单独谈话，坦诚交心，帮他指出不足和努力方向；同时告诉他，要想让同学服气，与同学友好相处，就要不断树立个人威信，及时改掉自己的缺点和不良习惯，带头遵守学校纪律，与同学团结互助，认真刻苦学习，做到成绩优异。他听得很认真，以往满不在乎的表情从他脸上消失了。

针对他热心、有一定号召力这一优势，我安排他担任班级的纪律委员助理，让他协助纪律委员管理班级。他的积极性特别高，作业也能及时上交了。当然，他的作业质量不尽人意，特别是日记，篇篇三言两语。于是我私下给他开绿灯。其他学生的日记中用上一个恰当的成语奖励一面红旗，而他做到了就奖励两面红旗；其他学生恰当地引用一处古诗句、名言警句、文章中的佳句或恰当地用上修辞写法奖励两面红旗，而他做到了就奖励三面红旗。对于他而言，只要能写出一篇完整的文章就视为优秀，给予奖励五面红旗。令我倍感欣慰的是，这个特优方案竟打动了他。他的红旗栏再也不是空白了。他还痛快地接受了我给他确定的期末测试成绩良好的目标。从目前的几次测试成绩来看，他虽然不能做到每次都达标，但愿意瞄准目标并为之付出具体行动。

看到"横哥"这一系列变化，我相信，他一定会坚实地走好人生每一步，一定会成为对社会有用的人才。

"心与心"交流卡

根据教学进度，我随机搞了一次检测。距离检测结束还有 20 分钟，我发现张超左顾右盼，有点儿不对劲。待我轻轻走过去，发现张超的膝盖上竟然摆着课本。我顿时来了无名火，真想伸手抓起他的课本撕个粉碎，好好教训他一顿。此时，我联想到张超平时是一个任性、爱面子、贪玩、学习成绩平平的学生，便尽量克制自己的情绪，并在心中暗暗告诫自己："他是个孩子，他有自尊，一定要冷静，一定要理智！"

我站在那里，努力让自己冷静下来。张超用近乎哀求的目光望着我。我们师生二人就这样静静地对视了一分钟，我内心的怒火才渐渐平息下来。当我再次转身看张超时，他正在快速地将课本放到桌洞里，并向我投来感激的眼神。

检测结束后，张超尾随着我来到了办公室。看着他那无可奈何的样子，我没有说什么。他耷拉着脑袋站了一会儿，然后抬起满是泪水的脸，对我说："老师，请你相信我，这样的事情我绝不会有下次，我一定会好好学习的。"我沉默了一会儿，对他说："老师相信你，我希望看到你的进步。"

周一的班会课上，我为每个学生精心准备了一张"心与心"交流卡，让他们把最想说的话写在纸上，并告诉学生："请相信老师，我会小心地保存你们的秘密……"收回交流卡后，我迫不及待地找出张超的卡读起来。"老师，昨天的事我从心里感激您。当您走到我面前时，我预感自己完了。我知道，只要您呵斥一声，或者收回我的课本，甚至打骂我一顿，让我在全班同学面前出丑，以后，我在同学们面前就没有面子了。可是，您没有那样做，给了我足够的自尊。老师，我终生都会感激您给了我一次改过的机会。今后，您就看我的行动吧！"读着张超饱含感激的话，我有点儿疑惑，张超能够给我惊喜吗？

"浪子回头金不换。"在以后的日子里，张超像变了一个人似的。课上，他发言积极起来，并按时完成老师布置的学习任务；课下，他顽皮的身影少了……任课教师都感觉到了张超的变化，纷纷向我讲述他的转变。学期末发奖大会上，捧着奖状的张超和我相视而笑。看着张超充满自信的神情，我为当时的选择而欣慰。

苏霍姆林斯基说过，"对于一个在别人眼里不出色的孩子，他更需要的是朋友、是尊重"。是啊，学生的自尊不能轻易伤害。学生的自尊受到伤害，往往会变得冷漠、孤寂、自暴自弃。此时，学生迫切需要的是教师的谅解，是教师对他的抚慰与鼓励。张超之所以前后有如此巨大的反差，是他的自尊得到呵护的结果。

编外队员转正了

暑假就要到了，对假期生活作出安排时，我特地把"假日爱心小队"的活动计划在全班公布，以引起大家的注意。正当我们对"假日爱心小队"的活动计划进行周密部署时，忽然听到："报告，老师，我也想参加'假日爱心小队'，行吗？"循着声音望去，是王雷。我望着他，只见他目光直直地注视着我，满眼的期望，等待着我给他答复。我迟疑了。义务劳动他经常借故不参加，从不借给同学学习用品，同学向他请教问题他也总是阴阳怪气，平时做事懒散，好搞恶作剧……王雷平时的表现在我眼前像过电影似的浮现，对他的请求我着实持怀疑态度。他是有爱心的人吗？他能行吗？一个大大的问号在我脑海里凸显出来。此时，再看看同学们，他们纷纷向王雷投去惊诧的目光，分明是对他不信任。

王雷发现我和同学们的表情有点儿异样，便急切地说："老师，我能行的，在家里我给妈妈洗过脚、我帮邻居搬过煤球……"听着王雷急切的表达，望着他充满期待的眼神，我马上意识到，如果拒绝他的请求将丧失一个教育机会。将他吸纳进"假日爱心小队"，不正是培养他爱心的有利时机吗？想到这里，我决心已定。于是，我当着全班同学的面对王雷说："你能主动要求参加'假日爱心小队'老师很感动，你就暂且为'假日爱心小队'的编外队员吧！如果你能坚持下来，并且表现突出，再将你定为正式队员，好吗？"我的话音刚落，王雷激动地跳了起来。

自此，我们中队的"假日爱心小队"里就多了一名编外人员。你还别说，一个假期下来，我们中队活动了四次，王雷一次都没有落下。最累人的活他抢着干，最脏的活他冲在前面，擦玻璃划破了手指也不叫疼。每次活动结束，他的衣服上都是汗渍斑斑，可他不叫苦、不叫累，干劲十足，精神百倍，总是乐呵呵的。

新的学期又开始了，大家有一个共同的感觉——王雷变了！他抢着干班级卫生保洁工作，主动照顾身体有残疾的同学，把自己的图书搬进了班级图书角，做事一板一眼，而且学习进步很大，经常受到老师的表扬。经全班同学表决，同意王雷转为"假日爱心小队"正式队员。

每当听到大家对王雷的夸赞，我打心底里为我当初的决定庆幸。我时时在想，如果当初拒绝了他的请求、浇灭了他的自我奋起的热情、挫伤了他的自尊，今天的王雷还会是这个样子吗？

后　记

我出生于大山深处。当一名光荣的人民教师，一直是我儿时的梦想。为此，我一直艰难地追寻着心中的梦想，固守着心灵深处的那方净土。

著名教育家叶澜说过，"一个教师写一辈子教案不一定成为名师，如果一个教师写三年反思却可能成为名师"。在基层学校任教期间，我担任过少先大队总辅导员、德育主任；在局机关从事过教育督导、教师培训、思想政治、小学教研等教育教学管理工作。这些都让我有更多的机会洞察教育，反思教育。

关于治教韬略，我的理解是：教育工作者加强自身建设是一个重要课题，对个人成长和教育事业发展至关重要。每位教育工作者只有自觉加强自身建设，才能不断提升个人综合素养；只有毕生执着于教育追求，胸怀教育之大爱，才能淡定从容、宁静致远，以强烈的事业心、责任感和无私奉献的精神更好地推进工作落实，脚踏实地地一点点向梦想靠近。

关于学科探究，我的理解是：要想做好教育教学工作，教师既要具备驾驭课堂教学的能力和管理学生的能力，又要具备深厚、扎实的专业理论功底。这就要求教师要边实践边思考，从而促进个人专业成长，把教学过程变成知识、能力、道德和情感相统一的过程。

关于德育纵横，我的理解是：教师要牢固树立社会主义核心价值观，遵循社会主义核心价值指导下的师德要求，要有自己的价值追求和职业理想，以德施教，以德育人；要切实增强"立德树人"的理念，把学生培养成德智体美劳全面发展的社会主义建设者和接班人。

关于教育智慧，我的理解是：教育是关乎人的灵魂的工作。教师不应对学生的分数过分追求，对学生的学业成绩期望过高，而应对学生的生命给予无限的关注。教师应充分发挥对学生的引领作用，让自己的教育策略充满智慧之光。

近年来，我在实践和反思中积累了一些教育感悟，散见于《德育报》《山东教育报》《中国德育》《中小学校长》《山东教育》《现代教学》《小学语文教学》《基础教育改革论坛》等几十家报纸杂志上，细数下来有近300篇。在朋友的一再鼓励下，我怀着一颗感恩的心，将个人对教育的感悟汇成《追梦教育路》一书。谨以此书，感谢一直以来扶持我的领导、帮助我的朋友。

成长是一个过程，永无止境；反思同样是一个过程，永无终点。我将一如既往地行走在追梦教育路上，且行且思且悟。

2021年1月于山东枣庄山亭